U0494001

华侨大学 HUAQIAO UNIVERSITY 哲学社会科学文库 · 文学系列

文库主编：贾益民

汉语空间极性词组配研究

A COGNITIVE RESEARCH ON THE COLLOCATION OF POLAR SPATIAL WORDS

刘 甜 著

本书为教育部人文社会科学研究项目（09YJC740023）的研究成果

发展哲学社会科学　推动文化传承创新

——《华侨大学哲学社会科学文库》总序

哲学社会科学是研究人的活动和社会历史发展规律、构建人类价值世界和意义世界的科学，是人类文化的核心组成部分，其积极成果有助于提升人的素质、实现人的价值。中国是世界文明古国，拥有丰富的文化历史资源，中华文化的发展是世界文化发展进程中不可或缺的重要一环。因此，努力打造具有中国特色的哲学社会科学，全面继承和发展中华文化，对于推动中华文明乃至世界文明进程具有深远的意义。

当代中国，全面深化改革已经进入关键时期，中国特色社会主义建设迫切需要对社会历史发展规律的科学认识，需要哲学社会科学发挥其认识世界、传承文明、创新理论、资政育人和服务社会的作用。因此，深化文化体制改革、繁荣哲学社会科学，不仅是建设社会主义文化强国、丰富人民精神世界的需要，也是实现中华民族伟大复兴的中国梦的必由之路。中共中央高度重视哲学社会科学在实现中华民族伟大复兴的历史进程中的重要作用，先后出台《中共中央关于进一步繁荣发展哲学社会科学的意见》《中共中央关于深化文化体制改革、推动社会主义文化大发展大繁荣若干重大问题的决定》《中共中央办公厅、国务院办公厅转发〈教育部关于深入推进高等学校哲学社会科学繁荣发展的意见〉的通知》《高等学校哲学社会科学繁荣计划（2011—2020年）》等一系列重要文件，全面部署繁荣哲学社会科学、提升中华文化软实力的各项工作，全面深化教育体制改革，为我国哲学社会科学事业的繁荣和发展创造了前所未有的历史机遇。

高等学校是哲学社会科学研究的重要阵地，高校教师和科研人员是哲学社会科学研究的主要承担者。因此，高校有责任担负起繁荣哲学社会科学的使命，激发广大教师和科研人员的科研积极性、主动性和创造性，为哲学社会科学发展提供良好的制度和环境，致力于打造符合国家发展战略和经济社会发展需要的精品力作。

华侨大学是我国著名的华侨高等学府，也是中国面向海外开展华文教育的重要基地，办学55年以来，始终坚持“面向海外、面向港澳台”的办学方针，秉承“为侨服务，传播中华文化”的办学宗旨，贯彻“会通中外，并育德才”的办学理念，坚定不移地走内涵发展之路、特色兴校之路、人才强校之路，全面提升人才培养质量和整体办学水平，致力于建设基础雄厚、特色鲜明、海内外著名的高水平大学。

在这个充满机遇与挑战的历史时期，华侨大学敏锐洞察和把握发展机遇，贯彻落实党的十七大、十七届六中全会、十八大、十八届三中全会、十八届四中全会精神，发挥自身比较优势，大力繁荣哲学社会科学。

一方面，华侨大学扎根侨校土壤，牢记侨校使命，坚持特色发展、内涵发展，其哲学社会科学的发展彰显独特个性。“为侨服务，传播中华文化”是华侨大学的办学宗旨与神圣使命，其办学活动及其成果直接服务于国家侨务工作与地方经济社会发展。为此，华侨大学积极承担涉侨研究，整合、利用优势资源，努力打造具有侨校特色的新型智库，在海外华文教育、侨务理论、侨务政策、海上丝绸之路研究、海外华人社团、侨务公共外交、华商研究、海外宗教文化研究等诸多领域形成具有特色的研究方向，推出了以《华侨华人蓝皮书：华侨华人研究报告》《世界华文教育年鉴》等为代表的一系列标志性成果。

另一方面，华侨大学紧紧抓住国家繁荣哲学社会科学的时代机遇，积极响应教育部繁荣哲学社会科学的任务部署，颁布实施《华侨大学哲学社会科学繁荣计划（2012—2020）》，为今后学校哲学社会科学的发展提供发展纲领与制度保证。该计划明确了学校哲学社会科学发展的战略目标，即紧抓国家繁荣发展哲学社会科学的战略机遇，遵循哲学社会科学的发展规律，发挥综合大学和侨校优势，通过若干年努力，使华侨大学哲学社会科学学科方向更加凝练，优势更加突出，特色更加鲜明，平台更加坚实；形成结构合理、素质优良、具有国家竞争力的高水平学术队伍；研究创新能力显著增强，服务国家侨务工作的能力明显提升，服务经济社会发展的水平不断提高，适应文化建设新要求、推进文化传承创新的作用更加凸显；对外学术交流与合作的领域不断拓展，国际文化对话与传播能力进一步增强。到2020年，力争使华侨大学成为国内外著名的文化传承与知识创新高地，国家侨务工作的核心智库，提供社会服务、解决重大理论和现实问题的重要阵地。

为切实有效落实《华侨大学哲学社会科学繁荣计划（2012—2020）》，学校先后启动了“华侨大学哲学社会科学青年学者成长工程”“华侨大学哲学社会科学学术论文专项资助计划”“华侨大学哲学社会科学学术著作专项资助计划”“华侨大学哲学社会科学百名优秀学者培育计划”“华侨大学人文社会科学研究基地培育与发展计划”五大计划，并制定了相应的文件保证计划的有效实施，切实推进学校哲学社会科学的繁荣发展。

“华侨大学哲学社会科学学术著作专项资助计划”作为《华侨大学哲学社会科学繁荣计划（2012—2020）》的重要配套子计划，旨在产出一批在国内外有较大影响力的高水平原创性研究成果，打造学术精品力作。作为此资助计划的重要成果——《华侨大学哲学社会科学文库》将陆续推出一批具有相当学术参考价值的学术著作。这些著作凝聚着华侨大学文科学者的心力、心气与智慧：他们以现实问题为导向，关注国家经济社会发展；他们以国际视野为基础，不断探索开拓学术研究领域；他们以学术精品为目标，积聚多年的研判与思考。

《华侨大学哲学社会科学文库》按学科门类划分系列，共分为哲学、经济学、法学、教育学、文学、历史学、管理学、艺术学八个系列，内容涵盖哲学、应用经济、法学、国际政治、华商研究、旅游管理、依法治国、中华文化研究、海外华文教育等基础理论与特色研究，其选题紧跟时代问题和人民需求，瞄准学术前沿，致力于解决国家面临的一系列新问题、新困境，其成果直接或间接服务于国家侨务事业和经济社会发展，服务于国家华文教育事业与中华文化软实力的提升。可以说，该文库的打造是华侨大学展示自身哲学社会科学研究力、创造力、价值引领力，服务中国特色社会主义建设事业的一次大胆尝试。

《华侨大学哲学社会科学繁荣计划（2012—2020）》已经实施近两年，经过全校上下的共同努力，华侨大学的文科整体实力正在逐步提升，一大批高水平研究成果相继问世，一批高级别科研项目和科研成果奖成功获评。作为华侨大学繁荣哲学社会科学的成果，《华侨大学哲学社会科学文库》集中反映了当前华侨大学哲学社会科学的研究水平，充分发挥了优秀学者的示范带动作用，大力展示了青年学者的学术爆发力和创造力，必将鼓励和带动更多的哲学社会科学工作者尤其是青年教师以闽南地区"爱拼才会赢"的精神与斗志，不断营造积极向上、勇攀高峰的学术氛围，努力打造更多造福于国家与人民的精品力作。

当然，由于华侨大学面临的历史和现实等主客观因素的限制以及华侨大学哲学社会科学工作者研究视野与学术积累的局限性，《华侨大学哲学社会科学文库》在研究水平、研究方法等方面难免存在不足之处，我们在此真诚地恳请各位读者批评指正。

最后，让我们共同期待《华侨大学哲学社会科学文库》付梓，为即将迎来55岁华诞的华侨大学献礼！让我们一起祝福华侨大学哲学社会科学事业蒸蒸日上！让我们以更大的决心、更宽广的视野、更精心的设计、更有效的措施、更优质的服务，培育华大社科的繁花硕果，以点滴江河的态势，加速将华侨大学建设成基础雄厚、特色鲜明、海内外著名的高水平大学，从而更好地服务海外华侨华人，支持国家侨务工作，配合国家发展战略！

华侨大学校长、教授、博士生导师　贾益民

2015年4月28日于华园

摘　要

反义词一直是汉语本体研究的重点和难点。本书从对外汉语教学的实践和亟待解决的问题出发，选取具有语义对立关系的空间极性词作为研究对象，以外国学生的过度类推为切入点，对汉语空间极性词的组配情况做了大致的梳理，并在空间极性词和其他语言单位的动态组配中去挖掘组配空位出现的原因并加以解释。

本书采用对比的方法，将成组的空间极性词分为方位义极性词、移动变化义极性词、方向义极性词三类进行专章研究。每一章又分空间域和投射域两小类分析空间极性词在动态组配中的各种语义小类。

本书得出的结论是：(1) 空间极性词与其组配词语的意义和功能在组配过程中是一个动态的构建与整合的过程，空间极性词是否能和其他语言单位组配，受极性词的语义、组配词语的语义、整个结构的结构义的共同制约。(2) 部分空间极性词组配前的语义对立关系在与其他语言单位组配后会发生变化。(3) 组配中的空位可以是形式上的，也可以是语义上和语用上的空位。(4) 一般说来，在组配结构中进行组配的各元素提供了相当充足的语义信息，在对外汉语教学中要培养外国学生对词语间语义关系的感知力。

此外，本书还针对如何避免外国学生的过度类推，给对外汉语词汇教学和语法教学提供了参考。

Abstract

The research on the antonym has been the focus of the study of Chinese ontology research. This book chooses the spatial polar words which have opposite semantic relationships as the research object from the requirements of Chinese language teaching practice and urgent problems. This book made a general description of the collocation of the spatial polar words and other matched units from the aspect of the overgeneralization of the foreign students and tries to explain the reason why the null elements existed.

In this book, the spatial polar words were divided into three types; they are locative polar words, moving – changing polar words, and directional polar words. Each chapter is divided into the space domain and projection domain of the two categories.

This book concluded that: (1) The meaning of the spatial polar words and the matched units are constructed in a dynamic process. Whether the spatial polar words can be matched with the other units was constrained by the meaning of the spatial polar words, the meaning of the matched units and the meaning of the structures. (2) The opposite semantic relation between some spatial polar words will be changed after they matched with other units. (3) The null elements can be formal, can be semantic and pragmatic. (4) Generally speaking, the matched units have provided abundant semantic information; the teachers should foster the foreign students' perception ability about the semantic relations between the matched units.

In addition, this book also provides some grammar reference to the Teaching Chinese as a Foreign Language on how to avoid overgeneralization.

目　录

图表索引

第一章　绪论

随着国内外汉语学习的持续升温和国家汉语国际推广政策的逐步实施，怎样让外国学生在尽可能短的时间内学好汉语是对外汉语教学界面临的重要问题。对外汉语教学一直是汉语应用研究的重要组成部分，汉语本体研究和对外汉语教学之间是相互促进的关系。对外汉语教学需要汉语本体研究提供理论支撑，汉语本体研究的成果也要在对外汉语教学实践中受到检验。

近几十年来，随着研究的深入，理论研究的应用价值受到越来越多的关注。在对外汉语教学中，如何提高学生的学习效率，如何降低学生的错误率是研究者们关注的焦点。外国学生在学习汉语的过程中，会根据教材中给出的各种语言规则积极地类推，这些类推既涉及词法层面，也涉及句法层面，如果根据有限的语法规则可以类推出无数合语法的词语或句子，那么学习效率无疑会大大提高。

但面向本体的语言结构规则的描写和解释在对外汉语教学实践中遇到了很大的挑战，因为面向本体的语言结构规则的描写和解释只适合以汉语为母语的学生。给以汉语为母语的中国学生授课和给外国学生授课不一样，给中国学生授课，讲授内容、分析对象都是学生的母语，学生所拥有的语言背景信息要大于教师所讲授的语言规则信息。但给外国学生授课则不一样，他们没有任何关于汉语的背景信息或背景信息并不完整，他们会把老师所教授的语言规则能动地运用到一切他认为可以运用到的地方，但常常会出现错误，很多在我们这儿不成为问题的问题到了外国学生那儿就都成了问题。

比如留学生会造出这样的句子“＊约翰的发音很优异”，“＊今天我们吃餐厅吧"[①] 等错误的句子。这些错误并不是母语的负迁移造成的，可以说，出现这类错误责任不在学生。第一例是词语使用不当，课本上以及很多词典上对"优异"的解释是"特别好"、"特别出色"，按此解释造出"＊发音很优异"这一表达完全符合词典的解释。第二例是语法组配错误，教材及部分语法书上将规则描写为"汉语动词可以带所谓处所宾语，比如'吃馆子'、'吃食堂'等"，那么，按此规则类推出的句子"＊吃餐厅"理论上应该也是没有错误的。但语法事实却并非如此。

外国学生的这些错句说明了什么？说明我们确实需要建立一套面向外国学生的汉语语音、词汇、语法、语用的教学体系，这些体系的建立要依靠本体的研究，但又不等同于本体的研究。这个体系的研究应从外国学生学习汉语的角度出发而不仅仅是从中国人学习汉语的角度出发。比如，像"拿出来一本书"、"拿出一本书来"、"拿一本书出来"是一组同义句法格式，这不是汉语本体研究的重点，但却是对外汉语教学语法研究的重点。

对外汉语教学的语法体系，需要从语言应用的角度进行发掘和描写，不仅要研究语法形式问题，更要深入研究语法形式跟语言表达的关系和各种用法出现的条件等问题（崔永华，2005b：111－120）。也就是说，要将面向汉族人的语言研究和面向外国人的语言研究区分开来。传统的语法研究只是告诉你什么合语法，没有告诉你什么不合语法。这导致外国学生根据老师给出的规则造句，一造句就出错。当然你可以不负责任地告诉学生："这是汉语的习惯。"我们研究的目的就是要把这个习惯找出来，这个习惯就是我们未知的规则，这只能说明我们目前研究的深度不够。对外汉语教学语法研究要致力于追求规则描写和解释的周遍性，不仅要告诉学生什么是合语法的，还要指出什么是不合语法的。

要建立一套适合外国学生学习的汉语语法体系无疑是一项浩瀚的工程，这需要集体的智慧和努力。因此，本书拟选取这个体系中的一个分支——汉语空间极性词及其组配现象作为研究对象，以外国学生的过度类推为切入点，分析组配中空位产生的原因，以探究组配结构的周遍规则。

① 这两个例句中的画线部分是词语使用不当之处。

第一节 研究对象

本书以空间极性词和其他语素/词语的组配为研究对象，以组配中出现的空位为切入点来分析这些语言形式在语言系统中没有显现的深层原因，进一步细化对外汉语教学中某些语法规则的限制条件，致力于描述语言结构规则类推的周遍性。本书从空间极性词的方位义、移动变化义、方向义三个方面进行分析，并探讨空间极性词的语义与组配词语的语义、组配结构的语义之间的互动建构关系。

一 空间极性词的界定

所谓“空间极性词”是指表示空间关系且具有语义对立关系的词语。其成员包括：作方位区别词的“上/下”、“内（里）/外”、“前/后”；作方位后置词的“上/下”、“内（里）/外”、“前/后”；作动词的“上/下”、“进/出”；作简单趋向动词的“上/下”、“进/出”及其与“来/去”构成的复合趋向动词，包括“上来/下来”、“上去/下去”、“进来/出来”、“进去/出去”、“过来/过去”、“回来/回去”、“起来”。

其中，作区别词和后置词的“上/下”、“内（里）/外”、“前/后”主要通过与名语素组配来表达一种静态的空间位置关系，本书将之定义为方位义极性词。作动词和趋向动词的“上/下”、“进/出”、“上来/下来”、“上去/下去”、“进来/出来”、“进去/出去”、“过来/过去”、“回来/回去”、“起来”则表达动态层面的空间关系。作动词时，表达空间位移动作；作趋向动词时，指明空间位移的方向。

“极性”对应的英文词是 polarity，Lyons 和 Cruse 都提到过语言的 polarity（极性），他们倾向把 polarity（极性）看作是一种对立的关系（Lyons，1977：691；Cruse，1986：247）。本书受到启发，同时鉴于目前学界对反义词范围的界定没有达成共识，故选用“极性”来表达词语间的对立关系，本书选用这一术语基于以下两方面的考虑。

第一，舍“反义词”而选“极性词”，主要是因为“极性”既能突出两词语之间的二元对立特征，也没有忽视两词语之间共同之处。具有极性关系的一组词语并不是所有的语义都完全相反，而仅仅只是其中的一个面或几个面是对立关系（opposition relationship）。比如动词“上”和“下”都表示一种运动、一种位移，都有位移的起点、终点和位移路径，还受到动力驱动，这是它们都具备的语义要素。不同之处仅在于运动方向不同，动词“上”是由较低处向较高处移动，而“下”是由较高处向较低处移动。地球的南极和北极也是一种极性的对立，虽然一个南，一个北，但是它们都共存于地球，都是地球的极地，都有极昼和极夜，都有极光并同时出现等，电池的正负两极也是如此。

以往国内的研究对“反义词”的描述过于注重其意义相反相对的一面，例如周祖谟在《汉语词汇讲话》中对反义词的界定为“反义词是意义相反或具有对立意义的词”（周祖谟，1962：136）。在胡裕树主编的《现代汉语》中对反义词的定义为“语言中词汇意义互相矛盾、对立的词，就是反义词”（胡裕树，1998：137）。其实，反义词只有在同一个意义范畴的基础上才能形成反义关系。比如，“长”和“短”同属于度量的意义范畴，“古”和“今”同属于时间的意义范畴。

第二，由于研究对象是一个封闭的集合，选用“极性词”而不是“反义词”可以避免术语上的一些争议。

英国语言学家 F. R. Palmer 指出 Antonym（反义词）这个术语最一般的意思是统指各种类型的语义对立，下面再从不同的角度分类，例如区分 graded antonyms（等级反义词）和 ungraded antonyms（非等级反义词），前者如“大—小”，有程度的等级，后者如“已婚—未婚”，是非此即彼的关系。（F. R. Palmer，1981：94 - 100）Palmer 认为，语义分析究竟应该区分多少种有用的对立关系，这是个有争议的问题，因此在使用“反义词”这个术语时应该谨慎。Palmer 并没有把空间位置词列为反义词。他认为空间位置词就是表达一种关系的对立，比如 above/below（在…上/下面）、in front of/behind（在…前/后面）、north of/south of（…以南/北）。本书选用“极性词”这个术语，也是为了突出一种对立的语义关系。

二　空间极性词的特点

空间极性词具有以下两个特点。

第一，只是方位或方向对立，语义背景中其他语义元素相同。

空间极性词都属于空间范畴，除了方位和方向对立之外，语义背景中其他语义元素相同。比如动词“进”和“出”，“进”是由空间外向空间内移动，“出”是由空间内向空间外移动，除了位移方向对立以外，这两者都涉及位移主体、位移路径、位移起点和终点、位移的活动范围等元素。

第二，一方在某语言结构中的呈现会激活与之具有极性关系的另一方在相同结构中出现的联想。

苏联语言学家基列耶夫说：“反义词在意识里很容易联想到是配置在一条锁链两端的两个环节。”（转引自谢文庆，1985：43）比如，提到“上”就会想到“下”，提到“前”就会想到“后”。提及“上课”就会激活“下课”，提及“爬上山”就会激活“爬下山”。

三　空间极性词的组配及组配空位

语言符号在未使用时静态地存放在大脑中，要表达时则需要把一系列的语言符号进行组配并输出。本书以空间极性词与其他语素或词语的动态组配来分析语言是如何表达空间位置关系和空间位移关系的。

1. 空间极性词和其他语素或词语的组配

（1）作区别词的“上/下”、“内（里）/外”、“前/后”和名语素的组配。比如“上肢/下肢”、“外伤/内伤”、“前台/后台”、“上策/下策”、“上集/下集”等。

（2）作后置词的“上/下”、“内（里）/外”、“前/后”和名语素的组配。比如“门内/门外”、“屋前/屋后”、“地上/地下”、“排行榜上/＊排行榜下”等。

（3）作动词的“上/下”、“进/出”和宾语的组配。比如“上楼/下楼”、“＊上雨/下雨”、“上图书馆/＊下图书馆”、“＊上基层/下基层”、“上闹钟/＊下闹钟”、“＊上命令/下命令”等。

（4）作简单趋向动词的“上/下”、“进/出”和与“来/去”构成的复合趋向动词“上来”/下来”、“上去/下去”、“进来/出来”、“进去/出去”、“过来/过去”、“回来/回去”、“起来”与动词、宾语的组配。比如

“跳上舞台/跳下舞台”、“＊跳上水/跳下水”、“贴上邮票/＊贴下邮票”、“拿出来一些钱”、“走进图书馆去”等。

由于汉语缺乏丰富的形态变化，同一个词形会承载几个不同的词类功能，比如“上”，既可以和其他语素构成方位名词，做句子的主语或宾语，比如，“上面有东西掉下来了。”也可以用作后置词，放在名词的后面，如“桌子上、地上”等；还可以用作动词，后接宾语，如“上街、上课”等；也可以做补语，放在动词的后面，表示动作或行为的方向，如“端上、写上”等。因此，本书从形式入手，将空间义极性词从以上四类分别进行分析。

2. 组配中的空位

这里的“空位”不是指以汉语为母语的人所感受到的空位，比如大家知道称呼男老师的妻子为“师母”，却不知道怎么用什么语言形式来称呼“女老师的丈夫”。“语言空符号”（王希杰，1989：23），“词族中的空格”（范干良，1989：67），“词项空缺”（李福印，2006：21）等都不是本书的所指。

本书所指的空位是从外国学生学习汉语的角度，是在学习的类推机制作用下所发现的空位。比如在时间表达系统中我们有“上个月、上个星期、上个周”，但没有“＊上个天、＊上个年”，在“上＋量词＋时间名词”这一结构中，“＊上个天、＊上个年”就是空位，外国学生的语言输出中就有这样的错误形式。那么，为什么“＊上个天、＊上个年”没有在这个系统内出现？为什么语言系统用“昨天”和“去年”弥补了这个空位？“＊上个天、＊上个年”这样的表达以后会不会，可不可能出现？这都是值得研究的。

在空间域，我们可以说“上馆子”、“下馆子”，可以说“上车间”、“下车间”，为什么只有“上厕所”却没有“＊下厕所”？同样是空间域的位移，同样是“上/下＋地点宾语”，为何“＊下厕所”出现了空位？同样，我们常说“下厨房”，而“？上厨房”的使用频率就低得多。

这样的空位，国内学界多采用“不对称”这个术语。本书没有采用“不对称”而采用“空位”这个术语是因为各种对称与不对称的现象其实应从形式和功能两个方面来看。如沈家煊提到了左手和右手的不对称

（沈家煊，1999：231），准确地说这个不对称指的是功能上的不对称，从形式上看这两者是对称的，分别置于人体的两侧。一般人习惯使用右手，让右手承担主要的功能，而左撇子则相反。因此无论从哪个个体来看，左右手的功能都是不一致的。

3. 空位的类别

（1）区分了形式上的空位、语义上的空位和语用上的空位。

形式上的空位容易观察，我们可以从语言形式上来把握。语义上的空位较虚，我们只能从逻辑类推的角度来把握。语用上的空位则是指组配后的整体形式上对称，语义上对立，但却有不同的语用环境。

①空间极性词 A 与 B 中，只有 A 能进入某一组配结构，而另一方 B 则不能。比如“外”可以和“国”组配成“外国”，但“内”不能组配成“＊内国”，“＊内国”就是形式上的空位。

②空间极性词 A 可以和另一组非空间义极性词 X 与 Y 中的一方组配，却不能和另一方组配，这也是形式上的空位。比如“开”（X）和“关”（Y）是一组非空间义极性词，但只有“关”可以和“上”（A）组配成“关上”（YA），而“开”不能和“上”组配成“＊开上”（＊XA）。

③空间极性词 A 与 B 都能和同一语素 X 组配成 AX 与 BX，但组配后的 AX 与 BX 并没有形成语义上的对立关系，比如“地上”（AX）和“地下”（BX）可以所指相同，即指“地面以上的空间范围”。从理论上推论，“地上”和“地下”应该可以构成对立的语义关系，因为“上”与“下”对立，两者和同一个语素组配后，本来语义也应该对立，但组配过程好比一个化学反应过程，组配后的对立性在语言系统中并没有出现，这就是语义上的空位。当然语义上会出现空位受到多种因素的制约，本书会有详细的分析。

④空间极性词 A 和 B 都能和同一语素 X 组配，组配后的 AX 和 BX 形式上对称，语义上对立。但 AX 和 BX 具有不同的语用环境。比如“上班”和“下班”，我们可以说“今天上午 9 点至下午 5 点上班”也可以说“今天上午 9 点上班”。“上班”可以和时间段连用，也可以和时间点连用，而“下班”常和时间点连用，这就是语用上的空位。

（2）从给外国学生纠错的难易角度看，空位可分为封闭型空位和开放型空位。

①封闭型空位是指组配的元素是封闭的、有限的、可以穷尽的。例如按照“空间极性词 A 与 B，若 A 可以和 X 组配，那 B 也可以和 X 组配”这一假设来类推，只涉及 A、B、X 三个元素，如果 AX 成立，而 BX 不合语法，在教学中较容易纠错，可以采用排除法。比如有“上座”没有“＊下座”，排除掉“＊下座”即可。

②开放型空位则是指组配的元素是不封闭的，不能在课堂上一一指出，一一穷尽的。

比如区别词“前/后”置于名词之前，有的可以组配成“前 X”和“后 X”，如有“前天”也有“后天”，但有的只有“前 X”而没有“后 X”，如有“前任”无“＊后任”，有“前景”无“＊后景”。那么，这个 X 就是一个开放的类，我们无法穷尽地告诉学生哪些 X 不能和“后”组配，这是教学的难点，也是研究的难点，需要描写组配规则的限制条件。

空位类别的不同和层级的深浅会直接影响对外汉语教学中纠错和防错难度。

第二节　研究综述

一　本体研究

1. 近 30 年国内外反义词研究回顾

反义范畴是一个重要的研究课题。反义概念是客观世界的本质属性在人脑中的反映，反义范畴作为一种语言学范畴具有更直接的现实基础。Lyons，Leech，Palmer 和 Cruse 都在专著中对反义词进行过专题研究，研究重点主要集中在对反义词的界定、反义词的分类、反义词标记性的有无和分布的不平衡现象上（Lyons，1977：221；Leech，1981：131；Palmer，1981：87；Cruse，1986：67）。

对于反义词的界定，各家学者标准各异，无法统一。F. R. Palmer 就没有把空间位置词（如 above：below，in front of：behind，north of：south of 等）列入反义词，而是专列一节 Relation Opposition 进行讨论，Palmer 认为这类词也很明显地表现了对立关系（Palmer，1981：94－100）。而 Lyons（1977）和 Cruse（1986）都把不可分级反义词排除在反义词研究之外（Lyons，1977：228；Cruse，1986：68）。

《现代语言学词典》对“Antonymy”的定义是：“反义词（反义关系），这个术语最一般的意思是统指各种类型的语义对立，下面再从不同的角度分小类，例如区分‘程度反义词’（graded antonymys）和‘非程度反义词’（ungraded antonymy），前者如 big：small，有程度差别，后者如 single：married，非此即彼。”（沈家煊，2000：21）同时，《现代语言学词典》也指出，语义分析中到底有多少种有用的对立关系，这是个有争议的问题，因此在使用“反义词”这个术语时应该谨慎（沈家煊，2000：26）。

国内对反义词的研究可以大致分为三个时期。

第一个时期从 20 世纪 50 年代到 70 年代末，是反义词研究的探索期。这一时期，反义词的研究刚开始起步，主要围绕反义词的界定、反义词的范围展开讨论，致力于描写一套完整的反义词系统，包括谢文庆（1985，1987，1988）、石毓智（1992）、华旭（1992）、戴耀晶（1988）等。

第二个时期是从 20 世纪 80 年代至 90 年代，是反义词研究的发展期。研究方法多元化，研究角度多维化，取得了丰硕的研究成果。这一时期以符淮青（1985），石安石、詹人凤（1983）等为代表。

第三个时期是从 20 世纪 90 年代至今，是反义词研究的跨越期。随着国外语言学理论的引入，国内学者利用现代语义学理论和结构主义语言学的标记理论对反义词进行研究，以黄国营、石毓智（1993），沈家煊（1999）、石毓智（2001）为代表。随着认知语言理论的热潮，运用认知的方法来分析和解释汉语中的反义词现象也成了热点，但并未见著作专门进行系统的论述。

2. 对反义词不对称性的多维研究

国内学者早就注意到了反义词的不对称现象，赵元任先生很早就提到过语言搭配中的不平衡问题（赵元任，1979a：137），吕叔湘先生也曾专章描写了“大”和“小”的不平衡现象（吕叔湘，1984：210）。

随着国外现代语义学知识和结构主义语言学的标记理论逐渐被引介到

国内，对反义词不平衡现象的研究日益呈现出多元的局面。卢甲文发现单音节反义词在构词时，表积极意义的常出现在前边，表消极意义的常出现在后边，是词序不对称的表现，此外，单音节反义词在运用上也有所不同（卢甲文，1981：34－49）。许德楠从词典学的角度对若干形容词肯定式和否定式的不对称现象进行了描写，发现有的否定式没有相应的肯定式，有的肯定式和否定式在意义上有较大的差异（许德楠，1982：101－107）。石安石、詹人凤描写了反义词聚在意义、句法、构词、感情色彩等方面的不均衡性（石安石、詹人凤，1983：77－91）。

随着研究的发展，黄国营、石毓智（1992a）首次利用标记理论来研究汉语反义形容词。沈家煊（1999）在西方标记理论的基础上结合汉语的特点，对汉语语法中的种种不对称现象进行了系统的解释。

以上研究虽然具有深度，但并不具有广度。主要体现在以下几个方面：（1）以反义形容词为研究对象的研究成果较多，而以其他类反义词为研究对象的成果较少；（2）以单对的反义词不对称性的研究成果较多，系统的研究较少；（3）词法上语义不对称描述居多，句法上功能不对称描述居少；（4）对反义词不对称性现象描述居多，分析较少；（5）理论性的探究居多，应用性的研究较少。

3. 空间范畴的反义词研究

对空间范畴反义词的研究从以下几个方面展开。

（1）就不同类别空间反义词的语义情况分别进行讨论。

白丽芳（2006）研究了后置词“上/下”和名词组配时语义的发展情况；张其昀（1995），卢华岩（2001），聂春梅（2009），扬子、王雪明（2009）等考察了“上/下”作动词后接宾语的语义情况；居红（1992），陆俭明（2002），姚占龙（2006），任鹰、于康（2007）等考察了动词后趋向动词的语义特点。还有多篇文章针对某一组极性词做了全面的考察分析，如张华（2002）、周统全（2003）、刘俊莉（2006）等。此外，复合趋向动词的引申义用法也是研究的重点，如杉村博文（1983）、张谊生（2006）等。

（2）从认知的角度研究空间词的不对称现象。

认知语言学自20世纪80年代初诞生以来，多位语言学家都关注过空间认知的研究。Lakoff（1987）、Talmy（1978）、Taylor（1995）、Langacker（2004）、Levinson（2003）等都结合语言现象探讨过空间的认知问题。

国内学者也越来越熟悉从认知的角度对空间反义词进行研究。白丽芳采用了意向图式和认知理论来分析“上/下”与名词搭配时的语义特点，认为“名词+上”比“名词+下”搭配更活跃，语义更丰富（白丽芳，2006：58-66）。卢英顺结合相关认知图景分析了“进”类趋向动词的句法、语义特点（卢英顺，2007：52-59）。任鹰、于康从原型效应的角度看“V上”和“V下”在语义扩展中的不对称现象（任鹰、于康，2007：13-20）。童小娥根据“述+上来/下来”所表达的位移事件类型的不同，对补语“上来”和“下来”的对称与不对称情况进行了分析（童小娥，2009：495-506）。

（3）从语法化的角度来分析和解释不对称现象。

张谊生探讨了动趋式短语“看上来”与“看上去”词汇化的机制与动因，指出这两个词语随着语法化和主观化进程的发展，呈现出凝固化、词汇化的趋势，已虚化为评注性准副词（张谊生，2006：5-15）。萧佩宜也探讨了趋向动词“上”和“下”的语法化现象，“上”和“下”因为受到社会文化经验的影响产生了不对称的语义（萧佩宜，2009：51-57）。吴为善则从话语功能的角度探析了“V起来”构式的多义性现象（吴为善，2012：3-13）。

（4）在组配结构内对空间反义词的语义分析成为新的尝试。

扬子、王雪明采取“结合动名组合内部结构的分析，对动词义项及其特性进行探讨”这一新方法来比较“上厕所”和“上馆子”的异同，指出这两者仅具有表层相似性，结构上的差异会导致动词义项的差异，“上厕所”中动词“上”单纯表行为义，“上馆子”中“上”则凸显移动义（扬子、王雪明，2009：42-47）。

二　应用研究

相对本体研究，应用研究的成果则相对薄弱。一些很有深度的本体理论也并不适合应用到对外汉语教学实践中去，本体研究和应用研究之间的桥梁还未完全建立。

对外汉语教学开始作为一个专门的学科来建设（孟琮，1978），开始于20世纪80年代。经过近40年的发展，在教材研发、词典编纂、汉语中介语研究、课堂教学技巧的探讨、跨文化研究、汉语水平考试研究等诸多方面取得了巨大的进步。但距离教学实践的需要还有相当大的距离（吕必松，1992：68；崔永华，2005b：111）。随着研究的深入，将研究的出发点转变到真正"以学习者的需求为中心"上来，将研究成果转化为教学实践的呼声非常强烈。

从外国学生的角度来研究反义词的文章少之又少，孟凯做了很好的尝试。孟文从留学生反义属性词的合理类推和过度类推现象出发，分析了留学生反义属性词的类推类型及其成因，并针对对外汉语教学中的反义属性词教学提出了很好的建议（孟凯，2009：89－96）。

在空间词领域，以关注趋向补语习得情况的探讨居多，钱旭菁（1997）列出了日本留学生汉语趋向补语的习得顺序；杨德峰（2003a，2004）分别撰文探讨了英语母语学习者和日语母语学习者汉语趋向补语的习得情况，黄玉花（2007）探讨了韩国留学生汉语趋向补语的习得特点；刘书书（2012）则特别探讨了复合趋向补语"下来""下去""起来"表状态引申义情况下的偏误分析。

以上研究无论是本体研究和应用研究都不乏广度和深度，但也存在一些不足。

（1）重现象罗列，轻分析解释。

多数研究将重心放在对现象的描写和归纳上。例如赵元任注意到"上""下"在构词能力上的差异，但并未全面分析并研究原因（赵元任，1979a：279）。沈家煊分析过趋向动词"上""下"带宾语的不对称现象，也未全面揭示此现象的深层动因（沈家煊，1999：160）。其他文章大多泛泛而谈，列举了空间反义词使用中的种种不对称现象，或许是篇幅的限制使得上述研究没有细致地展开。

（2）重个别，轻整体。

前人研究中不乏针对个别空间极性词不对称现象的细致研究，但缺乏从系统的角度对整个空间极性词的组配情况做一个梳理。其中，"上"与

“下”不对称的认知研究最多，而其他空间极性词只是在探讨时顺便提及，研究广度还待扩展。

（3）重理论，轻应用。

国内学者能将国外的现代语义学理论、标记理论、认知语义学理论等和汉语反义词的研究很好地结合，但是研究的成果在对外汉语教学实践中有多大的可操作性，有多大的理论指导价值，仍是值得思考的问题。

因此，本书立足于前人的研究，从二语习得的角度，从学习者按照输入的语言规则进行积极类推的角度，力图将空间极性词与其他词语的组配做一个比较系统的梳理和描写，并试图运用认知语言学理论、认知语义学理论和构式语法理论，结合词语搭配理论对空位产生的原因做出解释，以期将本体研究的成果运用到对外汉语教学的实践活动中。

第三节 研究目的及意义

一 研究目的

找出空间极性词和其他语素或词语组配的周遍规则就是本书的研究目的。只有清楚地描述出周遍规则才能对外国学生解释这一规则，才能使学习者按这一规则在范围内进行有效的类推。在研究之前我们要明确三点：第一，能不能发现周遍规则和有没有周遍规则是两个概念，理论上每一个结构都是有周遍规则的，但不是每一个结构的周遍规则都是容易发现的。第二，语言的理解过程和生成过程是不一样的，理解某一语言片段比生成一个合语法的语言片段难度要低，因而如何发现结构的周遍规则，如何帮助学习者做到输出的完全合语法性，避免过度类推，难度相当大。第三，要区分语言中已经实现的片段、可能实现的片段、不会实现的片段三种情况。比如“第一、第二、第三”是已经实现的片段，“第一万万亿零一”是可能实现的片段，而“＊第负一”是不会实现的片段。因考虑到语言变化发展的因素，本书的研究主要集中在如何帮助学习者排除掉目前语言系统中不会实现的语言片段上。

二 研究意义

1. 空间关系是人类感知世界并以此构建语言世界最基本的关系

人在感知世界的过程中，空间概念是最具体、最容易感知的概念。其他概念是在此基础上投射的结果，比如时间、动作、数量、身体状况、心理活动、社会地位和价值观念等（George Lakoff，Mark Johnson，1981：220）。几乎在所有的语言中，表示时间的词语都来自空间概念（戴浩一，1990：27）。空间概念是人类认识客观世界的基础，是人赖以生存的第一要素，是人认知域中的核心部分。空间概念是人们通过自己的身体和外界世界的互动来理解和建构的。

人的身体是人类理解和构建空间范畴的出发点。人作为一个生物个体，有其自然属性，比如由于地球引力的作用，人总是直立于地面，只能在地面上行走，不能脱离地面漂移，人以此来构建空间关系里的“上—下”关系；无论是走还是跑，由于人体的主要感知器官在前，所以人总是朝前移动，而不是朝后移动，人以此来构建“前—后”关系；人把身体感知成容器，通过最基本的呼吸动作和人体的排泄环节来感知“里—外”和“进—出”。因此，研究空间关系在语言系统中的映射现象，极具研究意义。

2. “上/下”、“前/后”、“里/外”、“东南西北”是构建空间关系最基本的元素

Len Talmy 很早就开始研究语言中的空间关系。他观察到每一种语言都用与其他语言不同的独特方式来表达空间关系。尽管每一种语言里表达空间关系的词语并不完全对等，但每个表示空间关系的词语都可以分解成一组最基本的空间关系元素的集合。这些最基本的空间关系在所有的语言中都是一样的，那就是“上/下、里/外、前/后、东/南/西/北”（Len Talmy，1983：126）。

在这些最基本的元素中，有些词语的定位是内在的，比如“上—下”、“内—外”、“前—后”，它们都与人类的身体有关。这些表达基本空间关系概念意义的词语不仅和空间有关，还和我们如何支配自己的身体有关，人类能用自己的肌肉来进行力的驱动。

有些词语的定位是外在的，比如“东南西北”，我们不能依据人自身的某种特点来确定东南西北，却可以根据自然现象里的日升月落来确定。但是不管这些最基本的词语是外在定位还是内在定位，都是不能改变的。

在儿童语言习得和二语习得中，这几组极性词也都是最先习得的空间关系词语，因此本书选取这些词语作为研究对象，研究其他语素是如何与之组配的，并探究是什么因素影响了组配上形式、语义和语用的空位。组配后的形式既包括词也包括短语和小句，本书以“构式”这一术语来统称。

3. 极性关系普遍存在于我们对世界的感知中

客观世界本身就存在各种相反、相对的现象和关系，比如生与死、老与少、新与旧、好与坏、有与无、动与静、黑与白等。对这些现象的思考一直是人类认知和生活的一部分。

人类所使用的语言是如何体现世界的对立关系的，这一问题是语言学家研究的重点，这主要表现为对反义词的研究。Jones 指出，“反义词”在当今社会具有重要作用，是日常生活中的关键特征（a key feature of everyday life）（Steven Jones，2002：89）。从婴儿时代起，反义词就开始在我们的心理词汇中占据根深蒂固的位置（郑文婧，2006：61）。Lyons 也指出反义关系被认为是一种最重要的语义关系（Lyons，1968：460）。

4. 在二语习得中，某一词语的用法会在学习者头脑中唤起与之具有极性语义关系的另一词语也具有同一用法的联想

在词汇层面，极性词语所对应的概念是成对储存在心理词库[①]中的，讨论一方必然会激活另一方。在句法层面，比如在对外汉语教学中，一组语义对立的极性词 A 和 B，在展示了极性词 A 的用法和组配之后，外国学生会下意识地依照 A 的情况来类推 B，但有时候 A 和 B 是不对称的，往往一类推就会出错。比如位移动词“上”和“下”是一组语义对立的极性词组，语言系统里有“上馆子”和“下馆子”，也有“上街”、“上图书馆”、“上厕所”等表达，因此外国学生会根据“动词 + 处所宾语”这一语法结构类推，认为“ * 下图书馆”、“ * 下厕所”等都是合语法的

① 参照董秀芳（2004）“词库”和“词法”的概念。

表达形式。

Trier 曾指出，我们每说出一个词，在说话人和听话人的意识中都会引起这个词的反义词（Lyons，1977：270），这句话指出了反义词的纵聚合现象。反义词同时也是一个横组合概念，我们应该更重视反义词的组合同现研究（郑文婧，2006：63）。

5. 空间极性词的组配研究能解决对外汉语教学实践中的一些难题

根据对外国学生汉语学习难度的调查发现，初级阶段的外国学生普遍认为汉语空间关系的表达是学习的难点之一，无论是静态的空间位置关系，比如“车上”、“车里”，还是动态的空间位移关系，比如“你上来，我下去”，外国学生都不能很好地掌握。至于在空间域基础上引申出来的其他用法，比如“看上去”和“看起来”的异同等不仅是初级阶段学习的难点，也是中高级阶段学习的难点。因此本书从实际问题出发来进行研究，希望能将研究成果应用到实践中去。

吕叔湘指出，一个语法形式可以从理论和用法两方面进行研究。可能有一种语法形式，在用法上没有多大的研究价值，但在理论上很值得探讨；也可能有一种语法形式，在理论上没有多少可讨论的，可是在用法上很有讲究。对于语言教学工作者，用法研究显然比理论探讨更重要，不但是教母语为非汉语的学生是这样，教母语是汉语的学生也是这样，因为这可以使学生意识到他原来没有意识到的事情（吕叔湘，1992：87）。

第四节　研究方法

一　语料的选取

本书以汉语空间极性词及其与其他词语的组配为研究对象。从空间极性词的角度讲，研究的对象是封闭的，仅限于几组表示最基本空间关系的词语，包括作方位区别词和方位后置词的“上/下”、“内（里）/外”、“前/后”；作动词的“上/下”、“进/出”；作简单趋向动词的“上/下”、“进/出”及其与“来/去”构成的复合趋向动词，包括“上来”/下来”、“上去/下去”、“进来/出来”、“进去/出去”，以及“过来/过去”、“回来/回去”、“起来”。

但是从空间极性词与其他词语组配的角度来讲，研究对象是无法封闭的。本书的研究既涉及词法又涉及句法，方位区别词和名语素的组配、“动词+复合趋向动词”（比如“看起来”和“看上去”）语义的虚化等是词法的研究，而其他的组配则是属于句法的研究。这些成对的空间极性词可以和哪些词语组配，不能和哪些词语组配，关于这部分语料的收集是个难题。

而本书又试图从外国学生感知汉语的角度来进行研究，外国学生如何根据词法、句法规则进行组配上的类推，会类推出哪些可能出现的语言形式，即使使用调查问卷的方法恐怕也难以探其全貌。因此，本书以大量语料为研究基础的同时，也采取了内省式的研究方法。

本书从以下几个方面选取语料。

（1）语料库。包括中介语语料库和汉语语料库。中介语语料库指北语中介语语料库、汉语中介语语料库。汉语语料库主要以北京大学汉语语言学研究中心 CCL 现代汉语语料库为主。

（2）各类词典。包括张庆云、张志毅（2003）《反义词大词典》，《现代汉语词典》（第 5 版）、《汉语动词用法词典》。

（3）自己的积累。包括平时收集到的留学生过度类推的例子，也包括其他学者文章或著作中提及的例子。

（4）《高等学校外国留学生汉语教学大纲》（长期进修）。文中出现的与极性词组配的其他词语尽量参照大纲。

（5）互联网。主要是 Baidu 和 Google。

为节省篇幅和行文方便，本书例句一律不标出处，少数还做了一定的删减。

二 研究方法和角度

1. 理论导向和语料导向相结合

本书采取理论导向和语料导向相结合的研究方法。在词法学、句法学、认知语言学、认知语义学、语法化等理论的指导下，从外国学生感知汉语的角度，对空间极性词的组配及组配空位现象进行了分析和解释。

2. 语法研究与语义研究相结合

本书先从词法功能类的角度将空间极性词分为静态义和动态义两大类。静态义包括方位区别词和方位后置词，动态义包括空间极性词作谓语和趋向补语的情况。以此为主线将文章的主体部分分成四章来研究。

每一章又从语义的角度分成空间域和投射域两类分别分析。空间域是指在现实空间的物理世界里可以明确感知的，而投射域是空间域投射到其他领域的结果。

3. 组合研究与聚合研究相结合

书中具体的小类，采取了对比分析的方法。比如某一极性词 A 可以和其他词语 X 组配，便可激活与之有语义对应关系的极性词 B 也可以和 X 组配，这是从语义聚合层面来研究。看到某一极性词 A 可以和其他词语 X 组配，便联想到 Y 是否也可与 A 组配，这是语义组合层面的研究。

4. 注重对比的研究方法

采用图表的形式，借助留学生类推出错的例子和逻辑类推找出极性词在组配系统中存在的空位。

第五节　术语和符号的界定

为了更清楚地论述本书的观点，在绪论部分将本书中出现的术语进行描写性的限定。

（1）构式。

构式指的是具体语言形式，既可以是词，如“外国”，也可以是短语，如“桌子上”，还可以是小句，比如“飞过去一只鸟”。

（2）符号“×”。

指的是语言中的空位现象，包括形式、语义和语用上的空位。

第二章　二语习得中的类推机制

类推（analogy）是历史比较语言学术语，也用于语言习得，一般指语法中的例外形式变得整齐规则的过程（Crystal，1985）。例如，英语构成名词复数的规则模式会对不规则形式产生影响，如常出现 * mans、* sheeps 等形式。类推创造是语言演变的主要倾向之一，例如古英语中过去时为不规则变化形式的动词，后来发展为以规则的 - ed 形式结尾，例如 help 变为 helped（程丽霞，2004：58）。

英语中复数以“ - s”、“ - es”结尾和过去时以“ - ed”形式结尾是讨论最多的类推现象，这种类推对形态丰富的语言来说很常见。对于汉语这种形态不很丰富的语言而言，类推机制也同样存在，在语音层面、构词层面、语法层面、语义层面都有体现。其中，构词层面的研究最为丰富，以李宇明（1999）的“词语模”为代表。李宇明指出“大多数新产生的词语，都有一个现成的框架背景，这一框架背景就像是造词的模子（简称‘词语模’）一样，能批量生产新词语，并使其所生产的新词语形成词语族”，如“ ×吧”、“ ×客”、“ ×工程”等。

但这些类推是以汉语为母语的使用者创造的，他们在类推的影响下依照某一结构产生新词或新的表达形式。基于此的研究只能罗列出语言中已经呈现的语言形式，对于逻辑中可以出现但语言中没有出现的情况无能为力。外国学生会根据某一结构类推出我们从来不会想到的语言现象，在这些语言现象中，有些是不合语法的，有些是在语言的发展中可能出现的。

因此，本书所关注的类推不是语言系统内部的类推拉平现象，而是外国学生在学习汉语时心理上的一种类推机制。这种类推机制既是帮助学生进行有效理解的手段，也是促使学生创造更多表达形式的有力途径。本书所关注的类推并不局限在构词层面，只要涉及两个或多个元素的组配，都是本书研究的范围。特别是在语言的输出层面，如果学生能根据有限的词法和句法规则造出无限合语法的句子，无疑会大大提高学生的学习效率。

乔姆斯基的生成语法理论、Goldberg 的构式语法理论都认为有限的结构能够产出无限的组合。但这些组合并不都是能接受的，为什么会有例外？是什么机制限制了这种例外在语言系统中的出现？留学生根据输入的词法和语法规则进行类推为什么会出错？主要原因之一是我们的教学语法对规则的概括和限定不够，没有揭示出某类结构的具体语义特征和语用限制。

董秀芳指出，人脑中的词汇知识可以分为词库和词法两个部分，一些能产性较高的词法模式内部具有一定程度的规则性和周遍性，是汉语新词得以出现的重要框架（董秀芳，2004：29）。陈保亚指出，区分规则组合和不规则组合是自然语言理解和第二语言教学的基础（陈保亚，2006：108）。对于平行周遍[①]的有规则组合，教学时应该教结构，而对于非平行周遍的无规则组合，需要存储在学生的记忆库中，应按一个整体来教。因此，如果想最大限度地避免外国学生的错误类推，就应该努力寻找每一个结构的“平行周遍原则”，借助外国学生的过度类推现象去修正教材和语法参考书中对词法结构和语法结构的描述。

第一节 类推的定义和前提

类推不仅是语言内部自身所具有的张力，也是学习思维中非常重要的、占主导地位的学习策略。索绪尔曾对“类比”和“类比形式”做过界定：“类比必须有一个模型和对它的有规则的模仿。类比形式就是以一个或几个其他形式为模型，按照一定规则构成的形式。”（索绪尔，1980：226－227）Brown（2000：95）认为“类推”指的是从所学习和观察到的事物中类化和归纳出某些规律性、条理性和结论性的东西（罗立胜，张

① 陈保亚（2006）所提出的“平行周遍原则”要从平行和周遍两方面来理解，平行特征包括被替换的部分、组合关系、组合体的分布三个方面的平行，周遍特征指的是某一组合结构没有遇到例外。

宵宵，王立军，2006：48）。

本书对类推的理解如下。

（1）语言系统内部的类推是语言使用者求简求便思想作用下的结果，类推可以使语言整齐划一，更容易掌握和记忆。

（2）类推是一种思维方法。既包括操母语者对母语进行创造性的类推，比如根据“X吧”、“X奴”创造出一系列的新词新语，也包括外语学习者根据已学习的语言材料进行规则的概括，并在此基础上进行能动性的类推。

（3）类推要有一个初始的模型，这个模型可以表现为同质的或异质的集合。当模型中的成员表现为同质的集合时，比如根据“房前”、“屋前”可以类推出“桌前”、“台前”等一系列的“X前”。当模型中的成员表现为异质的集合时，比如根据“课上”—“课下”的对立关系，可以类推出“会上”—“会下”。

（4）类推是对规则的模仿。这个规则是更为抽象的图式或模型，这是类推得以进行的基础。任何类推都有一个类推的图式，这个图式可以外化，也可以内隐，我们的任务是找出这个图式并加以描述。图式是学习者在很多语言表达的基础上概括、总结、类化的结果。

第二节　空间极性词的类推机制和类推单位

一　类推机制

语言产出中的类推可以是类义词群的类推，比如由“X迷”、“X吧”、“X奴”结构图式类推出具体成员，这是词法层面的。还有句法层面的，比如由“很+名词”结构图式类推出具体成员，由“下馆子”、“下乡”推出“*下图书馆”等。也可以是反义词群的类推，比如由“上座”推出“*下座”，由“生后”表示“出生之后”的语义推导出“生前”表示“出生之前”的语义。

以空间极性词为组配对象的类推既涉及类义词群的类推，也涉及反义词群的类推。其类推的结构图式为“极性词+X”，一种情况是极性词为恒量，X是变量，如根据“上馆子”、“上图书馆”可以类推出“上商场”，地点宾语X是变量。

另一种情况是极性词是变量，X是恒量。如果A和B是一对空间极性词，A可以进入某一结构，那么B也可以进入这一结构，这是留学生的类推假设。比如已知“上馆子”有“下馆子”的语义对立形式，依此由“上图书馆”类推出“*下图书馆”。

外国学生在空间极性词组配结构图示的参照下进行类推，需要具备形式和意义两方面的前提。形式的前提是指，类推需要一个参照物，这个参照物要外化为一定的语言形式，这个语言形式既可以呈现其组构要素的成员，也反映出组构元素的排列顺序。比如“上馆子”、“上图书馆”这两个表达式的结构为“上+地点宾语”，地点宾语外化为“馆子”和“图书馆”这两个词语，其组配顺序为空间极性词在前，地点宾语在后。

语义的前提是指类推时要参照一种语义关系，主要包括三个方面：第一个是存在于极性词之间的一种语义对立关系，比如“上”和“下”的方向对立关系。第二个是类义词聚中的语义类聚关系，比如“上馆子”、“上图书馆”、“上商场”中画横线的词语都是处所词，可以充当动词的地点宾语。第三个是整个结构图示所呈现出来的语义内容，比如“上馆子”、“上图书馆”、“上商场”等词语用“上+地点宾语”这一结构表达在这一地点从事某种活动或完成某一事件的语义内容。“上馆子”是去吃饭，“上图书馆”是去学习或工作，“上商场”是去购物。一般说来，语言形式是外显的，而参照的语义关系是内隐的。

二　类推单位

外国学生在语言理解和语言输出上都会受到类推机制的影响。那么在这个过程中外国学生以什么为基准进行类推？类推的单位是什么？

前文提及本书的研究既涉及词法也涉及句法，词法是以语素基本单位，研究语素和语素如何组配成词，语素和语素之间是什么结构关系。句法是以词为基本单位，研究词和词如何组合成更大的单位，以及词和词之间的结构关系。

因此，在本书研究范围内，外国学生类推的单位既包括语素也包括词。在方位区别词这一节中，类推的单位是语素；在其他章节中，类推的单位是词。

不管是词法还是句法，不管类推单位是语素还是词，都要区分规则形式和不规则形式。Chomsky 非常重视规则形式和不规则形式的区分，并且系统讨论过规则和不规则问题（Chomsky，1970：184 - 221）。规则形式是可推导的，不规则形式是不可推导的。可推导性是自然语言生成性的核心，说话者和听话者双方在享有共同的单位和规则的前提下，说话者之所以能够说出从来没有说过的组合，而听话者能听懂从没听说过的组合，都依赖可推导性。

比如“地上”，指的是“地面之上”，整个表达式的意义可以通过“地”的意义和“上”的意义组合推导出来。而“地下”，有一个义项也表示“地面之上”，与“地上”的语义相同，整个表达式并不能通过“地”和“下”的意义再加上偏正关系推导出来。组配后表达式的语义对立并没有由极性词的语义对立来体现，也就是说，具有语义对立关系的极性词在和同一个语言单位组配后并不一定会承担形成组配表达式语义对立的功能。那么对于外国学生而言，这些不可推导的表达式都是需要记忆的，是需要存放在心理词库中的，这类表达式在数量上也应该是有限的。

第三节　二语习得过程中的过度类推

20 世纪 60 年代和 70 年代，第二语言学习者的语言错误及错误分析引起了语言学家和语言教学研究者的关注。研究者们发现在第二语言学习过程中，学习者并不是简单地对外界语言输入进行消极的模仿，而是积极主动地用自己已掌握的语言知识有创造性地表达。这些创造性的表达并不都是合乎目的语语言规则的，其中不乏“过度类推”（overgeneralization）现象。

Dulay，Burt & Krashen（1982）对“过度类推”的解释是，“语言学习者将目的语的语法规则运用推广到不应有的范围。例如用 mans 代替 man 的复数形式 men”（转引自罗立胜，张宵宵，王立军，2006：48）。

因此，过度类推是自主表达的需要和学习者掌握的语言知识不完善现象相矛盾的产物。比如由“放大”类推出“＊放小”，由“关上”类推出“＊开上”等。过度类推现象符合人们的认知规律和主动表达思想的愿望，是语言学习过程中不可避免的一种现象。

在汉语作为第二语言的学习过程中，外国学生是按自己的母语规则类推还是按已习得的不完全的目的语的语言规则类推？在学习的初级阶段，外国学生刚刚接触到汉语时肯定受自己母语规则的影响较深，但经过一段时间的学习后，外国学生在输出上的积极类推主要还是根据教材或课堂上教师所呈现的语言规则进行类推。

我们在对学生进行一个新的语法项目输入时，不管学习者的母语语法框架里是否有完全与之对应的语法项目，也不管学习者的母语背景是否与之有复杂的交叉关系，学习者都会进行重新调整，建立一个新的语法项目类，然后按照自己学习归纳出的结构图或进行类推。如果出现的类推错误是学生自己在习得的过程中由于方法不当或学习投入不够造成的类推错误，则不在我们的研究范围之内。如果是依照教材上描述或老师讲授的语法规则产生了过度类推现象，这才是我们要致力研究的领域。

过度类推是分层级的，比如由“放大”类推出“＊放小”这样的错误是低层级的，可以通过教师的强化输入和学习者的自我修复来避免，但有些高层级的错误，比如由“上馆子/下馆子”、“上山/下山”等具体语言形式提炼出结构图式“上/下＋地点宾语”，从而类推出“上图书馆/＊下图书馆”，“上医院/＊下医院”，此类的过度类推是很难依靠对语言现象一次次的输入来避免的，必须描写清楚这一语法规则的使用条件，即不仅要告诉学生什么是可以说的，还要告诉学生什么是不可以说的，要指明语言结构规则使用时的限制条件。这也是本书研究的重点和难点。

为什么“＊放小”容易修复，有两个原因。一是因为我们有一个现成的替代词“缩小”，这个词已经存放在词库中，如果教师提示过一次之后，这样的类推错误就可以避免。二是因为“大”和“小”是一对极性词，只可能出现一个过度类推的例子。但是“＊下图书馆”、“＊下商场”等这样的例子就较难修复，因为这是根据“上/下＋地点宾语”这样一个图式进行类推。首先，这个过程处于表达组配层面，极具灵活性。其次，可进入这一图式的地点宾语不是封闭的，不可能通过教师的逐一讲解来排除，这一类的过度类推就需要研究者们更进一步地探求制约的机制是什么。

一　语言理解中的过度类推

在二语习得中，正确地理解是进行有效输出的前提。可推导性在语言理解的过程中起着重要的作用，比如“$A+B$”这一组合，如果分别得知A和B的语义就可以得知“$A+B$”的语义，这样的理解过程当然简单。如果假设A集合中有成员A_1、A_2、A_3、A_4……，得知“A_1+X”、“A_2+X”、“A_3+X”等表达式的语义，也可推知“A_4+X”表达式的语义。但是很多时候，语言并不是那么具有规则性。

比如“X+上”这一结构，很多名词都可以与“上”组配，例如“天上、地上、树上、墙上、脸上、桌子上、课堂上、会上、事实上、思想上”等表达式中加下划线的词语。在语言形式外化的影响下，外国学生容易在类推机制的作用下把这些词语归为一类进行理解。但这些词语并不可一概而论，其中，“天、地、树、墙、桌子”等是具体可数名词，“会（议）、课堂”是抽象物质名词，“事实、思想”是抽象精神名词，这些词都可以进入“X+上”结构，但组配后的表达式中“上”的语义并不一样。

同样，外国学生可以由“桌子下”、“沙发下”等表达形式中抽象出“名词+下”结构，由此结构去理解“地下”这一表达式，自然会类推出“地下”即“地面之下”的语义，但对于“地下”常表示“地面之上”这一义项却表示很难理解。

再如，外国学生以“外地”这一表达式为基准，参照“内—外”这样的方位对立关系，把“内地”的语义理解为与“外地”相对的范围，这都是理解过程中的过度类推。

二　语言产出中的过度类推

在学习汉语的过程中，在外国学生还没有完全建立目的语语感、还没有完全习得目的语语言规则的前提下，类推机制在外国学生语言输出方面起着不可忽视的作用。

陈保亚指出，语言的理解过程和生成过程并不一样，生成过程比理解过程要求的条件更为严格（陈保亚，2006：107）。理解过程只需要平行条件，比如在习得“桌子上”、“黑板上”、“脸上”等词语的语义后，不难理解“山上”的语义，尽管部分欧美学生会用“山里”，但他们仍然可以接受“山上”这一语言形式。

而生成过程不仅需要平行条件，还需要周遍条件。比如移动义动词“上”可以和地点宾语组配，比如“上山”、“上楼”、“上车”、“上台阶”等，那是否所有的地点宾语都可以进入“上＋地点宾语”这一结构呢？“？上农村”的可接受性就比较低，那么这一结构就不具备周遍条件。

此外，周遍条件还包括语义的条件，比如，“厕所”也是地点宾语，“上厕所”和“上山”所表示的位移图式是否一致？整个组合的语义是否是同一类别？

再如，同是处于房屋内的两个部分“厕所”和“厨房”，和空间极性词的组配分别是“上厕所”和“下厨房”，我们不说“＊下厕所”，也少说“？上厨房”。这些结构都不具有周遍条件。

外国学生在类推机制的影响下，既要考虑空间极性词与其他词语的横向语义组配关系，也要考虑极性词之间的纵向语义对立关系。他们之所以出现过度类推，是因为他们不了解汉语在组配时受到的多重限制，比如语素和语素间的语义相容性、表达的需要、搭配域的大小等。

对外汉语教学语法的研究目的之一就是要找出每一类结构的周遍条件。留学生不仅可以按这个周遍规则去理解某个表达式，还可以理解这一集合内的其他语言单位构成的表达式，更可以按照这一周遍规则去生成出这个集合里的其他成员。如果留学生习得了这一类结构的周遍规则，那么他就可以自己生成合乎语法规则的语言形式。这才算真正习得了语言。

但语言系统是非常复杂的，并不是每一个结构的周遍条件都可以探求出来。而且语言也处在不停地变化发展中，很多时候语言形式在刚产生的阶段都是按一定规则类推出来的，但是随着语言的使用，这一集合中的某个成员的语用环境产生了变化，进而促使语义也产生了变化，也就形成了今天不规则的现象，而语法化正是其中一种很重要的动因。

第四节　小结

本章界定了类推的定义、前提以及类推的单位。本书以外国学生在类推机制下出现的过度类推为切入口，从语言理解中的过度类推和语言输出中的过度类推分析了过度类推的不同层级，认为过度类推层级的高低对应教学中纠错难易的高低。

本书所关注的类推不是语言系统内部的类推拉平现象，而是外国学生在学习汉语时心理上的一种类推机制。也就是说，类推的动力不是来自语言自身，而是来自学习者的主动性。这种类推机制既是帮助学生进行有效理解的手段，也是促使学生创造更多表达形式的有力途径。如果我们能清楚地揭示某些语言结构类推的条件和限制，外国学生可以在这一框架和范围内进行有效类推，这样就会避免过度类推的错误产生。对于平行周遍的有规则组合，教学时应该教结构；而对于非平行周遍的无规则组合，需要存储在学生的记忆库中，应按一个整体来教，不拆分语义。

第三章　方位义空间极性词的组配

空间极性词既可以表示静态的空间位置关系，如“桌子上”的“上”；也可以表示动态的空间位移，如“上图书馆”的“上”。本章以静态义（即方位义）空间极性词与其他语素的组配为研究对象。方位义极性词包括两类，一类是方位区别词，另一类是方位后置词。

从形式上看，方位区别词和其他语言单位的组配可以描写为“空间极性词+X”，空间极性词位于其他语言单位之前；方位后置词和其他语言单位的组配可以描写为“X+空间极性词”，空间极性词位于其他语言单位之后。

从功能上看，方位区别词主要是从方位对某一实体的整体进行区分（比如“上肢/下肢”），方位后置词主要涉及两个或多个实体间相对位置的比较（比如“地上/地下”）。无论方位词是处于前位还是后位，无论是空间域还是投射域，其实都体现了两个关系元之间的某种关系。“上游”体现了整体与部分的关系，“桌子上”体现了焦点与背景的参照关系。“在……条件/情况/背景下”则体现了一种条件关系。

因为方位区别词和方位后置词都不能描述动态的位移事件，属于静态义的范畴，故本书将这两类放在本章内进行研究。由于本书的研究主要是为了应用于对外汉语教学，所以并没有以空间极性词义项的历时演变角度作为切入点进行分类，而只是在共时的层面按语法功能做了大致的分类。

第一节　方位区别词的组配

空间极性词作方位区别词和其他语素组配时位于其他语素之前，其结构可以描写为“极性词＋其他语素（X）”。空间极性词在组配前是一组意义相对的词语，组配后所形成的表达式在形式和意义上也是一一对应的。

认知语言学认为空间和时间是不可再分解的原始认知结构（Taylor，2001：46），是基本层次范畴（basic－level categories）。其他范畴都是参照基本层次范畴建立起来的。而空间比时间更具客观感知性，时间也是在空间基础上进行认知投射的结果。所以我们将纯粹表示客观空间义的义项分为一类，将非空间义的投射义项分为另一类。

一　空间域的组配研究

这些空间极性词中，“上、下”表示纵向的空间关系，“东、南、西、北、前、后、左、右、内、外”是一种横向的空间关系。“东南西北”表示的是绝对参照，是由太阳和地球两者之间的关系所形成的一个参照系统，“左/右”是根据人体自身的构造而区分，本书从最基本的对立关系“上—下”入手进行分析。

1．“上—下”组

“上”、“下”作为汉语最基本的一对方位反义词，受到学界广泛关注。赵元任和吕叔湘都对“上”、“下”的义项做过描述性的分析（赵元任，1979a：279；吕叔湘，2003：417－418）。

这一组中“上”的义项是“位置在相对高处”，“下”的义项是“位置在相对低处”，“上/下”都是区别词，它们可以和同一语素组配，组配后的表达式在形式上是对称关系，在语义上是对立关系。组配后表达式的语义对立关系是由“上”“下”的语义对立关系体现的（见表3－1）。

表3－1　“上/下”与名语素的组配

上＋X	下＋X
上　面	下　面
上　部	下　部
上　边	下　边
上　头	下　头

续表

上 + X	下 + X
上　身	下　身
上　装	下　装
上　肢	下　肢
上　层	下　层

从表 3 - 1 我们可以看出，组配后的表达式在形式上和语义上都没有出现组配的空位。

这一类不是外国学生学习的难点，只要给出了上表中左列或右列的某一组表达式，他们便可以根据这些表达式，进行反义联想类推，从而实现正确的理解和表达。比如，根据“上游”可以类推出“下游”，根据“上梁”可以类推出“下梁”。能进入此结构的 X 具有周遍性。

值得注意的是，极性词组“上/下”和相同语素组配后所形成的对立关系是存在于一个整体内部的对立关系。比如“上游/下游”是存在于同一个整体“河流”中的，“上身/下身”是共存于人的身体这一整体的，这些对立的部分是不能分开的，有“上 X”必有“下 X”，有“下 X”必有“上 X”，两者是相互依存的关系。存在于整体内部的对立关系也是与人们的认知分不开的，我们所处的世界本来是浑然一体的，但是人类在感知外部世界的过程中，人为地分出了界限，这是人类认知的结果。

根据认知语言学的“图形（figure）—背景（ground）”理论（Talmy，1983：225 - 282），图形即焦点，背景即参照物。表 3 - 1 所讨论的语言现象中，背景是一个实体的整体部分，参照点是人类认知达成共识的处于实体二分之一高度处的水平线，在水平线较高处的部分为“上”，较低的部分为“下”，在英语中分别对应于 upper 和 lower，如“上游”是 the upper reaches，“下游”是 the lower reaches。

2. “内（里）—外”组

“外”既可以和“内”构成一对极性词组，也可以和“里”构成一对极性词组。对于这种一对多的情况，我们的处理方法是以“一”为基准，即以“外”的义项为基准来比对“内”和“里”。

此类“外”的义项是“外边”（跟“内”相对），“内”的义项是“里头”（跟“外”相对），X 是名语素，见表 3－2。

表 3－2 “内/外”与名语素的组配

外＋X	内＋X
外 部	内 部
外 面	内 面
外 衣	内 衣
外 伤	内 伤
外 科	内 科

此组空间极性词“内/外”在前，分别和同一语素组配，组配后的词语在形式上对称，在语义上对立。

此类中“内＋X”与“外＋X”互相依存，不可分割，共同构成一个义域的集合。比如“外衣”和“内衣”共同构成“衣服”这一子集，“外伤”和“内伤”共同构成“伤”这一子集。这一结构中的其他成员还有“内裤/外裤”、“内景/外景”、“内科/外科”、“内需/外需”、“内资/外资”等。

表 3－2 和表 3－1 是一致的，两个表中的左列和右列都是一个集合中的两个组成部分。表 3－1 是纵向的维度，表 3－2 是横向的维度。

“外”除了和“内”构成一对极性词组外，还可以和“里”（lǐ）构成极性词组，“里”（lǐ）的义项是“里边”（跟“外”相对），组配后的表达式在形式上对称，在语义上对立，见表 3－3。

表 3－3 “里/外”与名语素的组配

外＋X	里＋X
外边	里边
外屋	里屋
外圈	里圈
往外（走）	往里（走）

不过并不是所有的名语素 X 都可以分别与“内/外”组配，有的名语素在组配后出现了形式上和语义上的空位，见表 3－4。

表 3－4 “内/外”与名语素组配的空位

外＋X	内＋X		替补项
	形式上的空位	语义上的空位	
外　国	×	×	本国
外　省	×	×	本省
外　文	×	×	汉语/母语
外　埠	×	×	本埠
外　地	内地	×	本地
外　人	内人	×	自己人/自家人

先来看“外国、外省、外文、外埠”等系列词语，《现代汉语词典》（第五版）给出的义项是“外边”（跟“内”相对），那外国学生会问为什么没有“＊内国”、“＊内省”、“＊内埠”？

其实“外”和“内”不仅可以表示一种空间上的内外对应关系，还可以附加上说话人的主观色彩，即形成“自己”和“非己”的语义对立关系。表 3－4 中的“外 X”（除“外表”外）是以“自己”作为划分内外的参照标准，所以，自己所在的国是“本国”，自己所在省是“本省”，自己所在地是“本地”，而与之对应的是“外国”、“外省”、“外地”。如果把“自己”和“非己”作为“内”和“外”的一个互相对立的义项，那么表 3－4 中空位的出现是具有系统性的。

此外，我们也可从“国、省、埠”等词语的语义特征来分析，这些词语都具有［＋边界性］的语义特征，比如从地图上，每个国家的领土、每个省的范围都是清晰可见的，因而“内/外”和这样的词语组配时，语义就会发生变化，从而凸显“自己”和“非己”的对立关系。

以上探讨的是表 3－4 中形式上出现空位的原因。

同时，我们也注意到，表 3－4 中“外地”和“外人”有对应的语言形式“内地”和“内人”，但是“内地”与“外地”，“内人”与“外人”在现代汉语里并不存在对应的语义关系，语义对应上出现空位。

“内地”、“外地”在古代是指京城内和京城外的地方，这个时候是形式上对称，语义上对立。但随着语言的发展，语言形式经过重新分析，“外地”被吸纳到“外国、外省、外文”这类系统中去，语义变化为指本地以外的地方，而“内地”则指距离边疆（或沿海）较远的地方。语言的变化发展破坏了原本平衡对称的系统，这是空位产生的一个很重要的原因。此外，就“内地”的使用情况而言，还有政治因素影响的痕迹，比如跟“香港”对应的是“内地”，跟“台湾”对应的却是“大陆”，这也是很有意思的语言现象。

在表格中出现空位的语言现象都是对外汉语教学中的难点，对待这些词语，如“外国”、“外省”等，不能按传统的释义来教，不能借助“内”与“外”的空间对立关系来理解组配的词语。这并不是简单的空间内和外的区分，而要借助“自己”和“非己”这一组语义对立的义项来帮助学生理解和表达。其实，“自己”和“非己”的对立还表现在其他语言现象中，比如，我们有“黑人”、“白人”但是没有“＊黄人”这一形式。这些语言现象也都是受到了“指示先用”规律的制约。

对于形式上没有空位，而语义对应关系上出现空位的词语，如“外地”相对于“内地”，“外人”相对于“内人”，在对外汉语词汇教学中要单独展示，并加以解释。

“内/外”作区别词与其他词语的组配并不仅限于表3－2、表3－4中所提到的词语，比如“外”还有一个义项是“称母亲、姐妹或女儿方面的亲戚”，比如“外公”、“外婆”、“外祖母”、“外祖父”、“外甥”、“外孙”等无对应的“内（里）X”。而“内”还有一个义项是“内部情况”，比如“内幕”、“内情”、“内政”等也都无相应的“外X”，这是受到了标记理论的影响，限于篇幅，不单列而论。

3. “前—后”组

这一对极性词组中，“前”的义项是“在正面的”（指空间，跟“后”相对），“后”的义项是“在背面的”（指空间，跟“前”相对），组配后的表达式形式和意义一一对应。“前/后”语素在前，其他语素在后，形成“前/后＋X”的组配关系，见表3－5。

表3－5　“前/后”与名语素的组配

前＋X	后＋X
前　面	后　面
前　门	后　门
前　台	后　台

组配后的词语中，“前”和“后”的方向对立关系不会因为说话人方位的变化而有所改变。除了人体自身的前后区别之外，没有生命特征的建筑物也有前后的区分。

根据 Levinson（2003）提出的三种空间参照框架①（轩治峰，2009：16），“前/后”应属于内在参照框架，即以物体为中心，物体有内在的方位性，比如“汽车的前面”肯定指“车头”而不是指“车尾”，“房子的前面”肯定是“前门”所朝向的方向，而不是“后门”所朝向的方向。

还有一些词语，虽然“前”“后”不是和同一语素组配，但也是表示空间的对立方向关系，比如“前线”和“后方”等。

4. “东、南、西、北”组

前文提及“东南西北”表示一种绝对参照，是由太阳和地球两者之间的关系所形成的一个参照系统，无论说话人处于何地，东南西北的方向性不会有所改变。“东、南、西、北”这四个单纯方位词在言语交际中“较少单独使用”。一般情况下它们成对出现，先来看“东”与其他三个词语的组配，见表 3－6。

表 3－6 “东”与“南”、“西”、“北”的组配

	南	西	北
东	东南	东西	东北

虽然“东”可以与其他三个词语组配，在形式上没有空位。但“东西”和“东南”、“东北”的语义并不属于同一范畴。《现代汉语词典》（第五版）列出了“东南”有两个义项，❶方位词。东和南之间的方向。❷指我国东南沿海地区。“东北”一词也有两个义项：❶方位词。东和北之间的方向。❷指我国东北地区。

但是“东西”一词的两个义项与“东南”、“东北”并不对应，指的是❶东边和西边。❷从东到西的距离。

再来看“南”与其他三个词语的组配，见表 3－7。

① Levinson（2003：24－61）在前人的基础上提出了三种空间参照框架，分别是内在参照框架（intrinsic frame of reference）、相对参照框架（relative frame of reference）和绝对参照框架（absolute frame of reference）。（转引自轩治峰，2009）

表 3－7　“南”与“东”、“西”、“北”的组配

	东	西	北
南	×	×	南北

表 3－7 中“南”和“东”、“西”的组配出现空位，即没有“＊南东”、“＊南西”，这是组合顺序受到了限制，因为语言系统中已经出现了“东南”、“西南”来指称。“南北”有两个义项：❶南边和北边。❷从南到北（指距离）。

最后来看“西”与其他三个词语的组配，见表 3－8。

表 3－8　“西”与“东”、“南”、“北”的组配

	东	南	北
西	×	西南	西北

表中“＊西东”出现形式上的组配空位是因为已经有“东西”一词，这是极性词排列顺序的问题，本书中暂不讨论。“西南”有两个义项：❶方位词。西和南之间的方向。❷指我国西南地区。“西北”也有两个义项：❶方位词。西和北之间的方向。❷指我国西北地区。

从表 3－6、表 3－7、表 3－8 的分析可以看出，“东”、“南”、“西”、“北”这四个空间极性词彼此组配后可以分为两类，一类是表示 X 和 Y 之间的方向，即只指示一个方向，如“东南”、“东北”、“西南”、“西北”，这一类也可表示我国与此方位相应的地区。另一类是分别表示 X 的方向和 Y 的方向，指示两个方向，如“东西”和“南北”，这一类也可表示两者之间的距离。

为何组配后会出现如此不对称的现象，还是受到客观现实的制约，先看图 3－1。

借助图 3－1 来解释，“东南”、“东北”、“西南”、“西北”可以表示 X 轴和 Y 轴之间 90°的方向，这是因为它们是两两相邻的组合。而“东西”和“南北”不是两两相邻的组合，如果要表示 X 和 Y 之间的方向单用“南”、“北”即可，不存在表达上的需要。

这种对立在英语中也仍然存在，“东西”和“南北”是一类，英语中

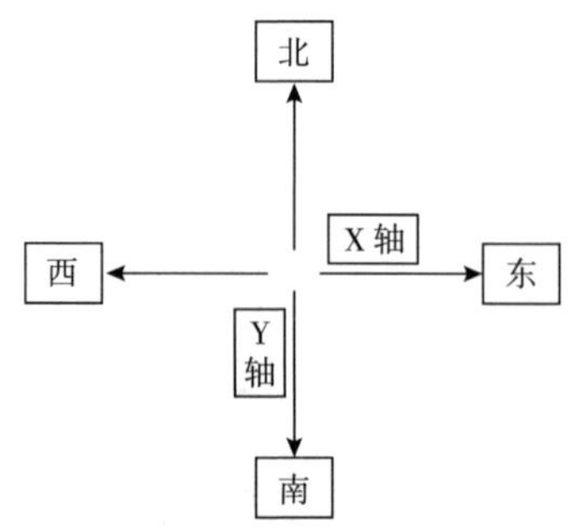

图 3－1　东南西北方位图

分别是 east and west 和 north and south，“东南”、“东北”、“西南”、“西北”是一类，分别对应英语中的 southeast，northeast，southwest，northwest，英语里更容易从形式上进行区分。虽然汉语和英语有各自的特点，但元素间的组配还是有规律的，这一切都受制于语用这一因素。

“东”、“南”、“西”、“北”也可与其他的名语素组配，但在语义、语用上并不是对称关系。见 3－9。

表 3－9　“东”、“南”、“西”、“北”与名语素的组配

	东	南	西	北
面	东面	西面	南面	北面
边	东边	西边	南边	北边
部	东部	南部	西部	北部
极	×	南极	×	北极
国	×	南国	×	北国
方	东方	南方	西方	北方
餐	×	×	西餐	×
点	×	×	西点	×

当“东”、“南”、“西”、“北”与指方位的名语素“面”、“边”、“部”组配时，在语言形式上、语义和语用上都形成对称的关系，没有空位。但和名语素“国”组配时却出现了形式上的空位，现代汉语里有“南国”、“北国”，如“北国风光”、“红豆生南国”，却无“＊东国”、“＊西国”，这是由地理气候环境决定的，我国南北气候差异较大，由此带来的自然景观和现象差别也很大，这是“南国”、“北国”得以形成的

语义基础。我国东西部相距也远，但气候差异不明显，这就缺乏了形成“＊东国”、“＊西国”名称的基础。

值得注意的是，当“东”、“南”、“西”、“北”与名语素“方”组配时，形式上对称，但在语义上出现空位。《现代汉语词典》（第五版）对“东方”的释义为❶方位词。❷指亚洲（习惯上也包括埃及）。对“西方”的释义为❶方位词。❷指欧美各国，有时特指欧洲各国和美国：～国家。可见，汉语里的“东方”、“西方”是就世界范围而言的，但在语言形式上与之对称的“南方”、“北方”却是就中国范围内而言的，“南方”就是指我国的南部地区，而“北方”是指我国的北部地区。之所以出现这种语义上的不对称现象，陈满华认为，我国南、北方不仅在地理特征方面差异较大，而且这种差异的标志也比较分明，因而传统上有“南方”、“北方”之称（陈满华，1995：28）。我国疆域内东西部地区的气候差异并不大，且无明显的纵向划分东西的分界线，所以传统上没有“东方”、“西方”的说法。现在使用的“东方”、“西方”的名称是从英文的 the east 和 the west 翻译过来的。为了避免表达混乱，现在也通常另用“东部”、“西部”来特指我国的东部地区和西部地区。

通过表 3－9 我们还发现，现代汉语里只有“西餐”、“西点”，而无“＊东餐/点”、“＊南餐/点”、“＊北餐/点”。同样，“西餐”、“西点”也是就世界范围而言，并不是国内地区饮食上的区别。《现代汉语词典》（第五版）收录了“南式①”、“南味②”等词，用来指称南方制式的食品，但现在已属于低频词，很少使用。

二　投射域的组配研究

空间范畴只是人类认知的基本范畴，是其他范畴构建的基础，由空间范畴可以投射到时间、数量、社会等级和心理状态等领域。在现代汉语中，很多表达抽象概念的词语都来自空间范畴义。非空间范畴

① 属性词。北京一带指某些手工业品、食品的南方的式样或制法：～糕点。

② 名词。南方风味：～糕点。

的义项我们把它们归属到投射域，即这些领域是空间域投射到其他领域的结果。

1. “上—下”组的引申义

（1）等级

这一类中“上”表示“等级高的”，“下”表示“等级低的”，“上”“下”在和同一语素组配后形式上对称，语义上对应，见表3-10。

表3-10 “上/下+X”表示等级或品质的高低

上+X	下+X
上等	下等
上级	下级
上策	下策
上品	下品
上士	下士
上风	下风
上宾	×
上流（社会）	?

等级可以包括质量优劣、地位高低、权力大小等，质量优、地位高、权力大为“上”，质量劣、地位低、权力小为“下”。如“上等/下等”、“上级/下级”、“上策/下策”、“上品/下品”、“上士/下士”之间的对立关系。而“上风”的比喻义是作战或比赛的一方所处的有利地位，“下风”的比喻义是作战或比赛的一方所处的不利地位。这一组也可归入表3-10。

表3-10中，有“上宾”无“*下宾”，出现了形式上的空位，这是“语义相容”规则制约的结果。中国乃礼仪大邦，宾客为尊，“宾”和表示等级高的“上”语义相容，而和“下”语义不相容。但其他的组配语素并无“尊卑高低”之分，所以分别有对应的“上/下+X”的形式。

（2）次序或时间

“上”“下”还可以分别表示“次序或时间在前的”和“次序或时间在后的”，组配后无空位现象，见表3-11。

表 3－11　“上/下”表示次序或时间

上＋X	下＋X
上　卷	下　卷
上半年	下半年
上　旬	下　旬
上　午	下　午
上　任	下　任
上辈子	下辈子
上　集	下　集
上　联	下　联
上　文	下　文

这一类对于留学生也很容易理解，根据其中的一列可以类推出另一列，形式和语义上都没有空位。整个格式具有周遍意义。类似的例子还有“上部/下部”、“上册/下册”、“上回[①]/下回”、“上句/下句”等。

(3) 频次

频次是指在一定时间和范围内出现的次数，发生在前的称“上”，发生在后的称“下”，组配后无空位现象，见表 3－12。

表 3－12　“上/下”表示频次

上＋X	下＋X
上　回[②]	下　回
上　次	下　次
上　顿	下　顿
上　轮	下　轮
上回合	下回合

(4) 序位

序位是一组有顺序关联的成员组成的序列，如不同的任期、打牌时的

① 这里的“回”指书的一个段落、章回小说的一章。

② 这里的“回”指动作、事情的次数。

人员次序、车站名称、纸张图画排序等，序位中先存在的称为“上”，后存在的称为“下”（蔡永强，2010：48），见表3－13。

表3－13 “上/下”表示序位

上＋X	下＋X
上　任	下　任
上　家	下　家
上一站	下一站
上一张	下一张
上一幅	下一幅

其中，值得注意的是，汉语里“上一站”表示序位较前的一站，在时间序列上较早发生，而“下一站”表示序位较后的一站，在时间序列上较晚发生。由于认知角度的不同，不同的语言对“上一站”和“下一站”的理解会不同，比如日语里“上一站”和“下一站”的序列就刚好和汉语相反，这点在教学上要注意。提及序位，不得不提及“前一站”，“前一站”到底是指之前的一站还是继续往前的一站要依赖具体语境。例如：

（1）他回家看望父母，还常跑到车站去走铁轨。有一次回家，他在前一站就下了车，他背一个包，一身轻松的样子。

（2）他用扩音器向乘客广播：“乘客们做好准备，前一站是孟婆店，孟婆店快到了，请做好准备。”

例（1）中的“前一站”是距离目的地序位较早的一站，而例（2）中的“前一站”是指距离目的序位较晚的一站。“前”、“后”在空间和时间所指上的不对称性，参见刘甜（2009）。

（5）限度

限度是“范围的极限；最高或最低的数量或程度”①，限度最高值为“上”，限度最低值为“下”（蔡永强，2010：49），见表3－14。

① 见《现代汉语词典》（第5版），商务印书馆，2005，第1480页。

表 3－14　“上/下”表示限度

上＋X	下＋X
上　限	下　限

2. “前—后”组的引申义[①]

（1）表示次序

处于现实空间里的事物不管是杂乱无章的，还是有序的，都可以按说话人的视角分出前和后两个对立的部分。在这一类中，“前”可以表示“次序靠近头里的”（跟“后”相对），“后”可以表示“次序靠近末尾的”（跟“前、先”相对），见表 3－15。

表 3－15　“前/后”表示次序

前＋X	后＋X
前　排	后　排
前三名	后三名
前　缀	后　缀

“前排”指空间关系里靠近“舞台[②]”中心的部分，“后排”指空间关系里远离“舞台”中心的部分。“前三名”和“后三名”分别指占据成绩序列中靠前和靠后的位置。“前缀”和“后缀”指水平线上按人类认知习惯靠左和靠右的部分。

（2）表示时间

时间是空间的隐喻。时间的流逝是线性的，是单方向的，只可以从过去到现在到将来，不可以从将来到现在到过去。根据时间的线性流逝，可以分出比较早的时间和比较晚的时间，比较早的时间是靠“前”的，比较晚的时间是靠“后”的。这一类中“前”可以表示“过去的、较早的”（指时间，跟“后”相对），“后”可以表示“未来的、较晚的”（指

① “前”还有个义项是“指某事物产生之前”，如“前科学、前资本主义”，这个义项很好理解，在本书中不单独列表讨论。

② 这里“舞台”是个隐喻概念，“前排”、“后排”常指在教室、电影院、露天广场及训练排列时的相对空间位置关系，而教室里的讲台，电影院里的屏幕，露天广场的舞台都被认知成“舞台”角色。

时间，跟“前、先”相对），见表3－16。

表3－16 “前/后＋X”表示时间

前＋X	后＋X
前　天	后　天
前　辈	后　辈
前几年	后几年
前无古人	后无来者

即使是引申义，“前/后”空间上的对立关系在时间上也得到了体现，组配后的表达式在形式和语义上都没有空位。对于留学生习得汉语而言，没有空位的例子无论是理解过程还是输出过程，都是相对容易的。

（3）“前/后”与其他语素组配后的空位现象

当“前”表示“从前、过去”（与“现在”相对）的意义时，“后”没有与之相对应的义项，见表3－17。

表3－17 “前”表示“从前”、“过去”

前＋X	后＋X
前政务院	×
前局长	×
前　夫	×

与“前夫”对应的不是“＊后夫”而是“现任丈夫”，所以在这里表示时间的“前”不是和“后”而是和“现在”形成对立的语义关系。我们一般将时间轴分为三个部分，即过去、现在、将来。对立关系并不仅仅表现为两两对立，三个元素也可以互相构成对立关系。而表3－17中之所以“后＋X”出现形式上的空位与表达的实际需求有关，比如我们向别人介绍“这是我的丈夫”就意味着“这任丈夫是现在时”，现在和将来的概念语义都不需要体现在语言形式上。同理，“政务院下了一个文件”中的“政务院”也是现在时，现在和将来的语义也不需要用语言形式呈现。

有意思的是，在汉语中，“前”还可以表示“未来”，而“后”表示过去，见表3－18。

表 3－18　“前”表示“未来”，“后”表示“过去”

前＋X	X＋后
前程	×
前景	×
前途	×
×	（瞻前）顾后
×	（抛在）脑后

刘甜（2009）指出，“前/后”可以分别表示过去和未来。“前”指将来而“后”指过去，体现的是时间隐喻的方向性，如“前途无量”、“人要向前看，不要向后看”；“前”指过去而“后”指将来体现的是时间隐喻的序列性，如“前天/后天”、“前人/后人”（刘甜，2009：123）。无论是空间的方向性还是时间的序列性，“前”与“后”在组配中都表现了对立的语义关系。

“上/下”、“前/后”能表示时间义和次序义是空间域在时间域和排列域投射的结果。

3.“东、南、西、北”组的引申义

“东”“西”这两个词有时可以标明身份或地位。《礼记·曲记上》载：“主人就东阶，客就西阶。客若降等，则就主人之阶，主人固辞，然后客复就西阶。”[①] 后人便以“东”代表“主人”，如现代汉语里的“东家”、“房东”、“股东[②]”、“东道主”、“做东”。

“东”“西”有时与“春”、“秋”有意义上的对等关系（陈满华，1995：28）。《孔传》云：“岁起东而始耕也。”可见古人已把“东”与春天联系起来。这样的情况在历代文人作品里也很常见，如“东风无力百花残”（李商隐《无题》）、“东风夜放花千树”（辛弃疾《青玉案·玉夕》）里的“东风”就是“春风”。“古道西风瘦马，断肠人在天涯”（马

① 意思是主人迎客人入席，应走台阶的东侧，客人应走台阶的西侧，如果客人的身份低于主人，应该表示走台阶的东边，但主人应推辞，然后客人再走上台阶的西侧。（参见陈满华，1995：27）

② “股东”指持有股份公司的股票持有人，有权分享公司收益并对公司债务负责。也指其他合伙经营的工商企业的投资人。这里，“东”表示“主人”的语义更加抽象化。

致远《天净沙·秋思》)、“碧云天、黄花地、西风紧、北雁南飞”(王实甫《西厢记》)里的“西风”就是“秋风”。

在汉语中,“东”与“西”,“南”与“北”常成对出现在凝固结构[①]中,如“东奔西跑、东倒西歪、东拼西凑、东拉西扯、东张西望、声东击西、各奔东西、东家长西家短、东一句西一句、三十年河东三十年河西”、“南辕北辙、南来北往、南征北战、南腔北调、走南闯北”等。其中,“东、南、西、北”的空间方位义已虚化,是泛指,表示“这儿”、“那儿”或“到处”的意思。当“东”与“西”,“南”与“北”并举出现时,往往是“东/南”在前,“西/北”在后,形成“东A西B”/“南A北B”或“A东B西”/“A南B北”的格式。

有意思的是,当“东西”的读音为dōng xī时,指方位,而读音为dōng xi时则指事物,甚至可指人(贬称),不管是肯定式“他是个东西”还是否定式“他不是东西”等都是骂人的话。

三 造成组配空位的原因

通过前文的图表可以看出,当空间极性词“上/下”、“内/外”、“前/后”作为区别词使用时,不管是空间域还是投射域,如果极性词组彼此之间的义项是互相对应的关系时,组配后的表达式在形式上和语义上也会形成一一对应的关系,不会出现空位。

之所以上述列表中有空位的现象是因为这些极性词组在进入组配结构之后,原本的极性对立关系发生了变化,比如“外国、外省”没有相对应的“*内国、*内省”是因为“外”与“内”并不是简单的空间对立,而是以“自己”为参照点划分出“自己所属范围”和“自己以外的范围”的对立。而“前夫、前局长”中的“前”也不是和“后”相对应,而是和“现在”相对应。

对外国学生而言,类推机制在“空间方位极性词A/B+同一语言成分”的组配结构中具有不可忽视的作用,无论是在理解层面还是在表达层面。此时,类推机制是建立在空间方位极性词本身所具有的对立关系的

① 指成语、谚语、惯用语等。

基础上，这个过程中类推的单元数量是受限的。

比如，在理解层面，留学生以“外地”这一表达式为基准，参照“内—外”这样的方位对立关系，推出“内地”一词，或把“内地”的语义理解为与“外地”相对的范围，这种过度类推的错误是容易纠正的，因为留学生脑中只有一个备选项，这个备选项是可以通过教师的引导和学习的推进来纠正的。虽然留学生在理解和表达时既要考虑到空间方位极性词同其他词语的横向语义组配关系，也要运用到极性词之间的纵向对立关系，但类推的元素仍是封闭的。

类推还在另一种情况下起到了非常重要的作用，即依照“X＋空间方位极性词A”结构进行类推，X是一类词，这一类词是不封闭的，在教学上是无法穷尽的，这一类就是空间方位词作后置词与其他语素的组配情况。

第二节 方位后置词的组配

方位词的使用与人类对空间领域的认知密切相关，“上下”、“前后”、“里外”这三对空间极性词组，作后置词常与名词组配，形成“名词＋空间极性词”的结构，以名词所表示的事物作参照点，标记一种空间关系。

比如“X＋上”结构，很多名词都可以进入这一结构与“上”组配，例如“天上、地上、树上、墙上、脸上、桌子上、课堂上、会上、事实上、思想上”等。其中，“天、地、树、墙、桌子”等是具体可数名词，“会（议）、课堂”是抽象物质名词，“事实、思想”是抽象精神名词，这些词都可以进入“X＋上”结构，那么在组配后的表达式中“上”的意义是否一样？是不是所有的名词都可以进入这一结构？是不是所有的“X＋上”都有与之对应的“X＋下”？如果不是，外国学生如何正确地理解各个组配表达式的意义？如何避免按一个极性词的组配形式类推出另一个的组配形式，而这一组配形式在语言系统中却不存在？

汉语里名词和“里、中、上、下”等方位后置词的组配，我们发现有些组配可以成立，有些则出现空位。比如“在上海”后面不能加“里”，而“在家”的后面可以加“里”也可以不加。而“在沙发上”的“上”却是不可缺少。这些现象对初级阶段的外国学生来说非常复杂，他们一般都有一种错误的观点，即表处所或方位的名词后面一般都要加上一个方位词或者都不加，因此造出“＊我们在中国里旅行”这样的病句。此外，外国学生还会根据教师或教材中出现的组配情况进行类推，这样的类推有时碰巧是对的，而有时则是错的。比如“笔掉到地上了”和“笔掉到地下了”这两个句子都可以说，语义没太大差别，外国学生会以为名词和“上”组配与名词和“下”组配两者是可以互换的，从而造出“＊……自行车在草地下走”[①] 这样的病句来。

再来看“里”和“中”，这两者在汉语里都是表示与“外”相对的语义，它们有时语义没有差别，可以互换，如“心里有怨气”和“心中有怨气”中的“心里”和“心中”语义并无差别，但“他们是城里人”却无对应的“＊他们是城中人”这样的表达。

陈满华（1995）将外国学生方位后置词的偏误类型大致分成三类。第一类是误用，指该用甲方位词的地方用了乙方位词，比如“＊我在报纸里看见了他们公司的广告”（报纸上）。第二类是滥用，指不该用方位词的地方却添加了方位词，比如“＊1989 年里我第二次来中国”（1989年）。第三类是缺用，指该用方位词的地方却没有使用方位词，如“＊我不愿意在黑板写字”（在黑板上）。

由此可见，名词和方位后置词的组配情况非常复杂，需要系统地分析，也需要细致地比对。本书仍然按空间域和投射域对这类语言组配现象进行区分，然后分别进行分析。

一 空间域的组配研究

1. “内—外”组

方位义极性语素“内/外”作后置词，放在名词 X 后，组配成“X＋内/外”结构，组配后无空位现象，见表 3－19。

① 例句引自陈满华（1995）。

表 3－19　名语素与“内/外”的组配

X＋内	X＋外
门　内	门　外
室　内	室　外
国　内	国　外

这类组配中名词 X 是空间关系中的参照物，扮演“界限”的语义角色，对空间进行了划分。“门内/外”是以“门”为界限划分成了两个空间，“国内/外”是以边境为界限划分出了两个空间。“门”“室”虽然是边界概念，却是部分代替整体，在人头脑中所唤起的是一个容器图式，是一个整体概念，和“国”所唤起的图式是一致的。只要某一事物能在人脑中唤起“容器”这一图式的词语都可以进入这一结构中来，比如“瓶内/瓶外”、“盒内/盒外”等。

2. “前—后”组

在“前—后”极性词组中，“前”的义项是“在正面的”（指空间，跟“后”相对），“后”的义项是“在背面的”（指空间，跟“前”相对），组配后的表达式在形式上对称，在语义上对立，见表 3－20。

表 3－20　名语素与“前/后”的组配

X＋前	X＋后
村　前	村　后
屋　前	屋　后
人　前	人　后

名词 X 仍充当参照物的角色，以名词 X 所指称的实体为基准表达“前”和“后”的空间关系。

3. “上—下”组

方位词“上”“下”用法灵活，是外国学生们感到头疼的地方，同时，这也是对外汉语词汇教学中的一个难点。

“上/下”作方位后置词的情况较为复杂，可以进入“X＋上/下”的名词（X）极多。比如“桌子上有一个花瓶”，这个句子中“上”的语义包含三个要素，分别是“在某参照点之上的位置”、“接触”和“力的支撑”。接触是指花瓶和桌子有接触，花瓶不是在桌子上悬空着，桌子有个对花瓶的支撑力（force dynamic）。所以同是“X 上”，“桌子上有个花瓶”和“墙上有只蚊子”的意象图式并不一致。

（1）我们先来看一下名词和“上”组配后所形成意象图式的情况。

①“上$_1$”——存在（出现）图式。

（1）桌子上有一个花瓶。

B　　　　A

（2）沙发上歇着一只蚊子。

B　　　　A

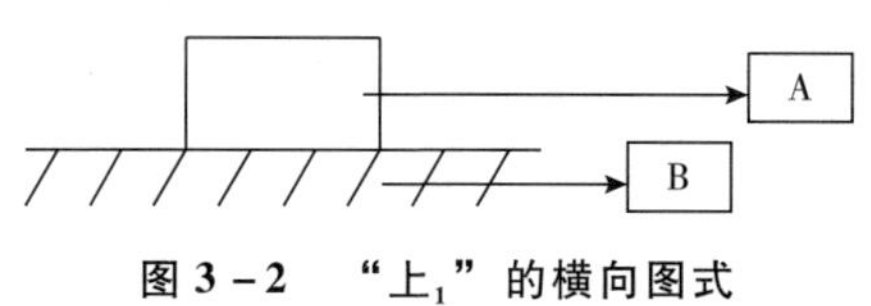

图 3－2　“上$_1$”的横向图式

如图 3－2，B 是背景，A 是焦点，B 是 A 的参照物。这一类的 B 具有［＋平面］的语义特征，A 是存在于 B 这一平面上的，B 和 A 具有可分离性，即 B 的上面没有出现 A 也是一种常态现象。在例（1）和例（2）中，“桌子”和“沙发”是参照物，具有［＋平面］的语义特征。桌子上没有花瓶和沙发上没有蚊子都是合理的状态。“花瓶”与“桌子”可以分离，“沙发”与“蚊子”也可以分离。

“桌子”、“沙发”都是比较规则的平面，还有一些不规则的平面也可以使用这种意象图式，比如：

（3）山上开满了鲜花。

B　　　　A

（4）树上停着一只小鸟。

B　　　　A

虽然平面 B“山”和“树”的形状是不规则的，但是“鲜花”“小鸟”仍然与其表面接触，仍可按图 3－2 中的图式进行理解。

除此之外，图 3－2 中的图式还可以理解成纵向的，见图 3－3。

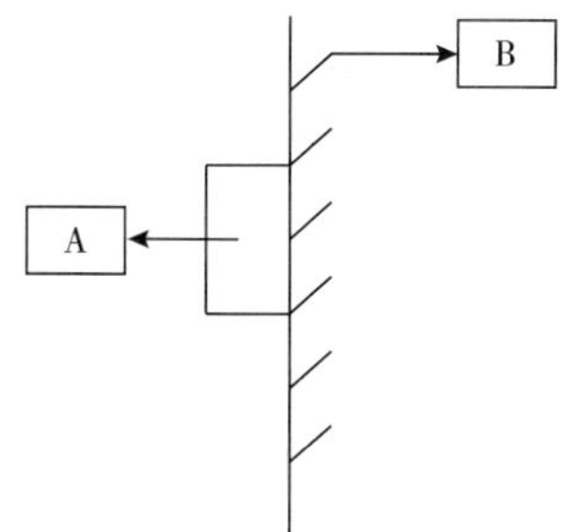

图 3－3　“$上_1$”的纵向图式

（5）墙上挂着画。

B　　　A

（6）脸上粘着一颗米粒。

B　　　　　A

与横向的图式不同，图 3－3 中焦点要存在于背景之上必须借助一定的介质，要么是力的介质，要么是别的介质。“画”挂在“墙上”必须要借助钉子力量的支持，“画”贴在墙上，“米粒”粘在脸上要借助黏性的力量。

图 3－2 中的图式甚至可以理解为反向的，见图 3－4。

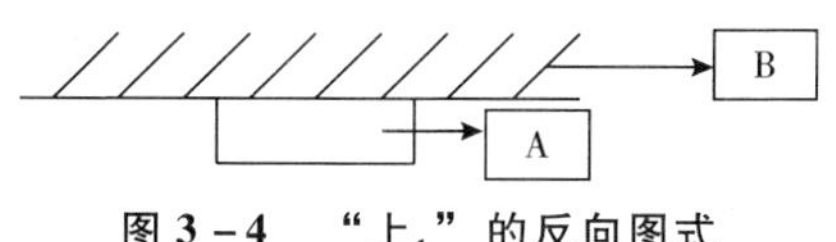

图 3－4　“$上_1$”的反向图式

（7）天花板上停着一只蚊子。

B　　　　　A

（8）天花板上长了很多霉斑。

B　　　　　A

外国学生对这类句子会产生疑问，应该是“天花板下停着一只蚊子”，怎么用“天花板上”呢？这里“上”所表示的空间相对较高位置的意义已经虚化，而“接触”、“出现”义得到了凸显，这是语言系统内部类推一致化的结果。这样的图式场景是比较少见的，不是任何一个实体都可以停在天花板上，只有“蚊子”、“壁虎”、“蜘蛛侠”等四肢有吸附力的生命体才能进入这一格式。

因为这些生命体有吸附能力，所以，它们才能出现在图 3－4 中的反向图式中。试想如果一个人处于平躺的状态，有一只蚊子停在头顶处，与他的身体处于一条轴线上，我们也会说“我头上有一只蚊子”，而此场景中，蚊子并没有处于一个较高的位置，而是与人所躺的位置在一条线上，“上”凸显的仍是接触义，组配后的结构表达式凸显的是“出现”义。

我们再来看另一个句子，“天花板上有一个人”，若按一般情况来理解这一事件，其意象图式和“天花板上有只蚊子”一定不同。“天花板上有一个人”可能是这样的场景，楼房还未完工，有一个人站在天花板的上面。

虽然以上例句中“X 上”的 X 都是平面，但无论 X 是平面、点、线或环状物体，“上”的“接触”义（“出现”义）都是一致的。比如“针尖上”，“针尖”是点；“刀刃上”，“刀刃”是线；“这根头发上”，“这根头发”是环状物。

图 3－2 展现的只是一个典型图式，A 和 B 还可以体现为其他的关系，比如“水上有几只鸭子”、“手指上扎了个刺”、“蛋糕上插了几只蜡烛”等，焦点“鸭子”、“刺”、“蜡烛”和背景“水”、“手指”、“蛋糕”是一种交错重叠关系。

总的来说，这一类的“X 上”主要表示存在或出现，背景和焦点之间有实体接触，焦点的出现需要力的支撑，或者来源于地心引力，或者是存在物的吸附力或浮力等。

我们知道，本义是最早的意义，基本义是最常用的意义，基本义不一定等同于本义，“上”的本义是“位置在高处的”，它的基本义应该是“在物体的表面”。基本义由本义派生而来，与本义之间存在内在的意义联系，由本义向基本义引申发展的过程揭示了语言认知上的动因。“上”最初表示目的物位于相对较高的位置，由于受到地心引力的作用，目的物会自然垂直下落，往往与参照物接触并附着于参照物上。慢慢地，“高处”的语义因子逐渐淡化，“接触”、“存在/出现”的语义因子逐渐强化，并最终形成“上”的基本义。

缑瑞隆运用原型理论、意象理论来分析探讨了方位词“上”、“下”语义构成的差别及其与认知的关系（缑瑞隆，2004：69－75）。缑文指出，被附着物的平面属性是构成“X 上”表达式的基本要素，如果参照物是线状的，比如“钢丝上站着一个杂技演员”中“钢丝”虽然是线状，但如果将注意力集中在局部空间，就会发现钢丝也是有平面的。而童盛强却认为平面属性不是构成“X上”表达式的基本条件，童文认为要用语言表达钢丝上站着人这一景象时，谁会集中注意力去确认表演者脚部接触的是一个弯曲的平面呢？（童盛强，2006：91）童文认为参照物的空间特性不是人们关注的对象，不管什么形状的物体都可以做参照物，它可以是人们心理上的某个点、线、面、体，“接触”“附着”才是最重要的因素，只要焦点与参照物存在接触点就行。例如“桌子上”，虽然从理论上说不限于指“桌面上”（如“把狗拴在桌子上”），但对于听话者来说，如果没有特定的语境信息，对“桌子上”的首选理解是指“桌面上”，而不会是桌面以外的桌子表面。这是人类的认知经验在起作用。

②“$上_2$”——载体图式。

其意象图式，见图3－5。

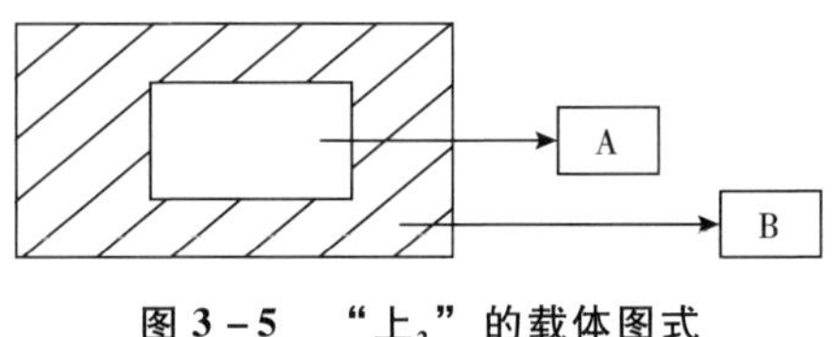

图3－5　“$上_2$”的载体图式

（9）黑板上画了一幅画。

B　　　　A

（10）这篇文章在报纸上刊出了。

A　　B

在载体图式中，焦点A在人们的视线里不是一个三维的立体实体，而是形成了一个二维的平面整体，背景B也是一个平面，如果这两个平面之间的距离小到连我们的肉眼都无法感知的程度时，我们会把这两个平面合二为一。这个意象图式是在“$上_1$”的基础上衍生出的，“出现义”是它们的纽带。比如，在例（9）中，“黑板上的画”与“黑板”之间的物理空间距离是无法用肉眼感知的。“黑板上画了一幅画”可以被理解为一幅画从无到有的出现过程。

③“$上_3$”——距离图式。

焦点A和背景B也可以不接触。其意象图式，见图3－6。

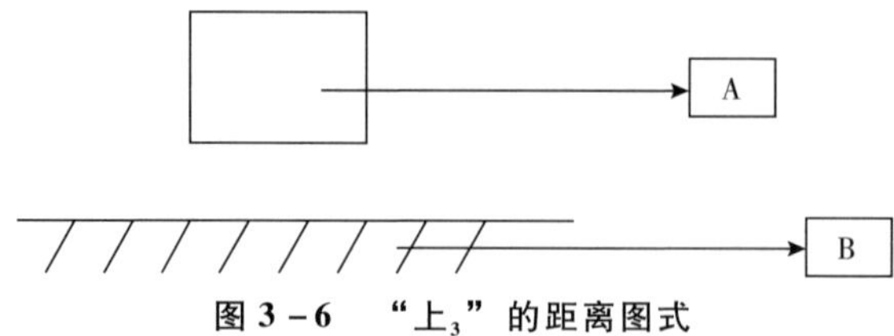

图3－6　“$上_3$”的距离图式

距离图式中的“上”可以用“上方”来替换，焦点A和背景B有空间上的距离。如：

（11）头上飞过一架飞机。
　　　B　　　　　A

（12）桥上飘过一个气球。
　　　B　　　　　A

在例（11）、（12）中，“上”表示“上方”，“X上”表示非封闭性的“体”空间范围，参照物为“X”。类似的例子还“直升机在头顶上盘旋”，“海鸥在海面上飞翔”。而且，“$上_3$”距离图示中的焦点如“飞机”、“气球”、“海鸥”等都是依靠动力在与地球引力抗衡，如果失去动力则会跌回地面，比如飞机失去动力会坠毁，气球里的气体泄漏则气球会慢慢降回地面，鸟儿丧失飞行的动力则会摔至地面。

$上_1$、$上_2$、$上_3$这三类图式中，“存在/出现”图式是原型图式，“载体”图式和“距离”图式都是在此基础上演变而来，其中，“出现”义是整个语义发展的基础。

④“$上_4$”——容器图式。

“上”还有一种意义指“内部”，相当于“里”，比如“在飞机上看电影”[①]、

① “在火车上写字”是“在＋L＋VP”结构，这种句法结构中的“X上”所表达的空间方位关系具有多解性，VP的动作行为是在处所L的空间内部发生（“在火车里写字”），还是在处所L的外表面发生（“在火车车皮上写字”），都依赖于上下文语境以及听话人的知识背景，关于此类，崔希亮（2001：172－242）和齐沪扬（1998：115－131）已有较详细的论述，本书不赘述。

“在火车上吃泡面”、“现在都流行租房车旅行，吃住都可以在车上”。既然上述例子中的“N＋上”都可以理解为“N＋里”，那么外国学生会问，“上”和“里”是不是可以无条件互换？是不是所有容器类的物体（如“飞机”、“车”等）都可以和“上”组配表达“内部”的语义？通过研究发现，像盒子、瓶子、杯子、柜子、电话亭、垃圾桶这样的容器类物体并不能和“上”组配表达“内部”的意义。“盒子上有一只蚕宝宝”中的“盒子上”只能被理解为附着在盒子的表面，而不能被理解为在盒子的内部。“垃圾桶上有只麻雀”的语义与“垃圾桶里有只麻雀”的语义也绝不等值。

关于此类现象，童盛强指出飞机、汽车类物体与火柴盒、电话亭类物体的区别在于前者在人们潜在的认知经验里有“高”的语义因素，相对于惯常的观察点（地面、水面等），它们是“位于高处的”（童盛强，2006：90）。“上飞机”、“上船”等动宾搭配很好地说明了这一点。但这点并不容易向留学生解释，特别是欧美学生，他们会反问，火柴盒、电话亭类物体相对于惯常的观察点（地面、水面等）不也是处于相对较高的位置吗？童文从认知的角度加以解释，认为火柴盒、电话亭类物体在人们的认知经验里一般没有“位于高处”这样的特性，拿电话亭来说，一般直接设在地面上，不会给人“高于地面”的感觉，因此“电话亭上”一般不表示高处的电话亭，也就是不能表示电话亭内部的意义。但外国学生对此解释仍不满意，他们会认为，小汽车和电话亭也是差不多的高度，但为何“车上”可以表达内部意义呢？

其实，通过语义义素的提炼我们发现，能进入“N＋上”构式表达内部意义的N除了具备［＋容器］的语义特征外，还必须具备［＋移动］的语义特征，这两者缺一不可。小汽车和电话亭都具备［＋容器］的语义特征，就人的观察视角而言，与地面的相对高度大致相当，但为何“车上”可以表达内部的语义而“电话亭上”却不可？这是因为“车”具备［＋移动］的语义特征而“电话亭”只具备［－移动］［＋固定］的语义特征。童文提及的一例刚好可以证明本书的观点，童文认为与电话亭差不多形状的缆车可以表达内部的语义，童文认为这是由于缆车总是悬在高空，这是“N＋上”能表示封闭性内部空间意义的充分条件，而其实更深层次的语义制约因素是因为缆车具备［＋移动］的语义特征。或者，我们也可以换个角度向外国学生解释，所有可以帮助人类从某处快速移动至另一处的旅行容器类名词都可以用“N+上”表示“N里”的意思，如“车上”、“船上”、“飞机上”、“缆车上”、“马车上”等。

（2）名词和“下”组配后所形成的意象图式的情况。

①“$下_1$”——距离图式。

焦点A在参照物B之下，A和B之间有一定的距离，A与B没有接触，见图3-7。

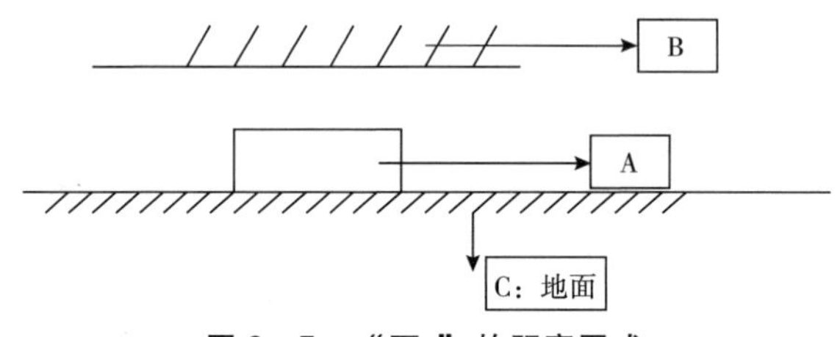

图3-7　“$下_1$”的距离图式

从图3-7可以看出，在“X下”中焦点A和参照物B并没有接触，常进入这类图式的名词有“桌子、沙发、茶几、床”等家具类名词，这些名词所指称的事物具有这样的组构特点，即物体的底面只有几个点与地面接触（如“桌脚”、“床脚”等），这样物体就与地面之间形成了一个空间，“X+下”就是指这样一个空间范围。焦点A在参照物B之下，同时也在地面之上，不过地面之上这种空间关系并没有在语言中表达出来，其意义的理解通过思维的完形来达成。例如：

（13）桌子下有一只猫。
　　　B　　　　　A

（14）沙发下有一片纸。
　　　B　　　　　A

在例（13）、（14）中，焦点“猫”和“纸”都位于参照物“桌子”和“沙发”之下，同时，也位于地面之上。“地面之上”的语义特征不需要在句子的表层呈现，其认知通过人的百科背景知识来完成。

②“$下_2$”——接触、支撑图式。

与“$下_1$”不同，“$下_2$”的A和B是接触关系，比如：

（15）枕头下藏着一颗糖。
　　　B　　　　A

（16）书下压着一张纸条。
　　　B　　　　A

意象图式见图 3－8。

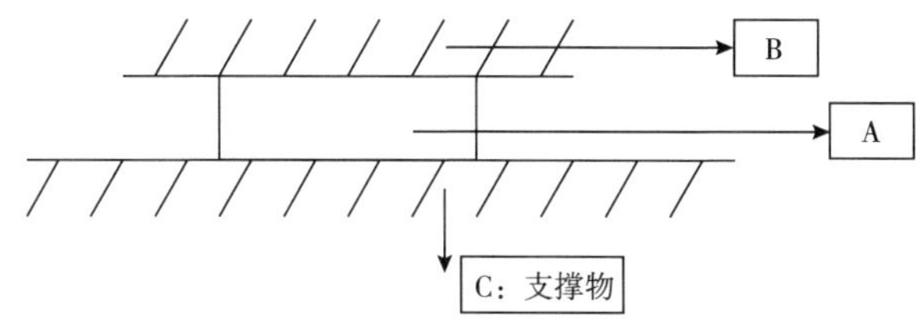

图 3－8　“下$_2$”的接触、支撑图式

在接触、支撑图式中，虽然 A 在 B 下面，而且 A 和 B 表面也有接触关系，但这个意向图式中还有一个隐含的物体 C 提供力的支撑。例如“枕头下藏着几颗糖”是“床”提供了力的支撑，“书下压着一张纸条”是“桌子”或其他平面提供了力的支撑，而“床”和“桌子”又是位于地面之上的。

其实从“下”的两个意象图式可以看出，“下”是建立在“上”的基础之上的，不管是“下$_1$”还是“下$_2$”，都离不开“地面”对其上面物体的支撑，在“下$_1$”中，地面对焦点 A 提供了力的支撑，在“下$_2$”中，地面的支撑力通过其他物体传递出来。

所以说“上”是第一性的，“下”是第二性的。为什么“下”的图式离不开“上”这个空间关系的支撑，这是因为“X 上”比“X 下”更容易感知。不管是自然界的存在物，还是人造物，不管是有生命体还是无生命体，由于受到地心引力的作用，它们存在于地面之上就成了一种常态现象，在日常生活和经验中，被观察物处于参照物之上是一种常态。在儿童语言习得研究中，研究者发现，儿童一般先学会使用“上”，然后才是“下”；在使用频率上，“上”是“下”的 5.5 倍（王祥荣，2000：568）。

把后置词“上”和“下”的语义图式描写清楚之后，名词和“上/下”组配后的空位现象就容易解释了。

童盛强认为“下”还可以表示成“容器”图式（童盛强，2006：

91），例如：

（17）此后他不时将这本书藏在粮仓里、地窖下，后来即使经过1944 年的又一次日军大扫荡，也没被发现。[①]

“地窖”总是位于地面之下，同时具有容器特征，与“N + 上”的用法相对应，这样的“N + 下”也能表示内部空间的意义。但此例中“容器”图式的概念是由“地窖”一词的语义贡献的，如果不与“下”组配，“地窖”仍可以表示容器概念，如“把这瓶酒放进地窖”。因此，“下”并未完全发展出“容器图式”的概念。

（3）同一名词分别与“上”、“下”组配后所形成的语义空位的情况。

①身体器官类名词与“上/下”组配后语义空位的情况，见表 3 – 21 和表 3 – 22。

虽然语言系统中有“嘴下”、“头下”、“脸下”等语言形式，但表 3 – 21 中的“X 下”应表示人体内部的部分，与“X 上”表示人体外部的部分对应，因此列出语义上的空位。

表 3 – 21　身体器官类名词与“上”的组配

名词 + 上	名词 + 下（语义上的空位）
嘴　上	×
脸　上	×
皮肤上	×
头　上	×

表 3 – 21 中的名词是身体器官类名词，可以与“上”组配，也可以与“下”组配，但组配后语义并不呈对立关系。这一类是“$上_1$”，焦点 A 和参照物 B 既可以是接触关系，也可以是不接触关系。如：

（18）他头上戴了一顶帽子。（焦点“帽子”和参照物“头”接触）

（19）小鸟从我们头上飞过。（焦点“小鸟”和参照物“我们”没接触）

① 此例引自童盛强（2006：91）。

这是因为人的身体能被观察到的主要是外表，是“X上”，如“嘴上、脸上、皮肤上、头上”等，如果要与“X上”的语义形成对立，“X下”应该显示的是人体内部的部分，而这一部分在常态下是没法观察的，在日常生活里也不需要使用这一类“X下”去指称。例如：

（20）嘴上起了很多小水泡。

（21）她看起来很年轻，脸上几乎没什么皱纹。

（22）胸口上有一道长长的疤痕。

（23）宝宝头上长了很多痱子。

以上四例中的“X上”都有对应的“X下”，但“X下”的语义并不与“X上”对立，而是表示以X为参照物位置相对较低的部分，例如：

（24）嘴下长了一颗痣。

（25）可是这样怎么画兔身子呢？小兔又不是小人，可以在脸下画身子、胳膊、腿儿。

（26）紧挨在胸口下的衣服两边都湿透了。

例（24）中“嘴下”指人脸上相对嘴唇的较低位置；例（25）中“脸下”指人体相对脸部较低的位置；例（26）“胸口下”指人体相对胸口的较低位置。

有意思的是，表示身体部分的名词和“上”组配，可以表达多种方位关系，既可以表达相对较高的位置，也可以表示接触关系，还可以是包含关系，也可以不反映任何空间位置关系，而表达一种隐喻关系。例如：

（27）脸上画着八字胡须，身上穿着披开的洋服。

（28）他把手指轻轻地放在我的嘴上。

（29）他嘴上叼着一根烟，漫不经心地打量着我。

（30）我嘴上没说，并不代表我心里没这样想。

例（27）中的“八字胡须”肯定在嘴巴这一部位相对较高的位置，而不是相对较低的位置。例（28）中“手指”和“嘴唇”是接触关系。

例（29）中“烟”和“嘴巴”是一种交叉关系，“烟”的部分被包含在嘴里。例（30）已经是一种投射域的语义关系，是从物体到言语活动的隐喻，是“说”和“想”的对比。

白丽芳也认为“名词＋上”比“名词＋下”的搭配关系更多样，语义更丰富（白丽芳，2006：58－66）。她认为身体器官类名词与“上”组配，既可以表示具体方位，也可以表示抽象的范围。比如“身上”的语义关系就非常复杂，它既可看作参照物，如例（31）、（32），也可虚化指整个身体，如例（33），甚至范围还可以扩到既包括身体又包括精神，如例（34）。而“身下”仅仅指身体的下面，如例（35）。例如：

（31）除了身上这件破衣服，我成了一无所有的人。

（32）这人好奇怪，竟然把身上所有的钱都给了我。

（33）我能从他身上感受到一股强烈的青春气息。

（34）从这些历史人物的身上，你是不是也学到了一些东西呢？

（35）他将战友死死地压在身下，保住了战友的命。

白丽芳还认为身体器官类名词与“上”、“下”组配中比较特殊的是“脚上”、“脚下”。她认为这两个构式在一定的语境下可以表示相同的语义（白丽芳，2006：61）。例如：

（36）他下面穿着高脚裤，脚上穿着高筒靴。

（37）他们身着T恤衫，脚下穿着运动鞋。

例（36）中“脚上”可以换成“脚下”，例（37）中的“脚下”可以换成“脚上”。但更多的时候，“脚上”和“脚下”是不可以互换的。例如：

（38）我在篮下靠近底线做动作的时候，踩到别人的脚上，左足弓受伤。

（39）王永明脚上的伤痕至今清晰可见。

（40）当登上山顶后，山峦清晰可见，白云却在我们的脚下。

（41）表演者和观众的脸上都洋溢着喜悦的笑容，全然忘了脚下的积雪。

上例中，例（38）、（39）中的“脚上”不能换成“脚下”，例（40）、（41）中的“脚下”也不能换成“脚上”。遇到这样的情况，外国学生就会迷惑，到底什么时候“脚上”和“脚下”可以互换，而什么情况下不能互换？通过大量的语料对比分析，我们发现，当焦点和参照物是接触关系时，比如“脚”是参照物，“脚上的鞋子或袜子”是焦点，两者可以互换。如例（36）和（37）中，“脚上”和“脚下”是可以互换的。当表示其他空间位置关系时则不能互换。这是因为鞋子和袜子与脚的关系比较特殊，鞋袜一部分在脚背上，一部分在脚底，因而这种情况下，“脚上”和“脚下”是可以互换的。

前面探讨了“名词＋下”语义上出现的空位，“上/下”与身体器官类名词组配时，“名词＋上”也会出现语义上的空位，见表3－22。

表3－22　身体器官类名词与“下”的组配

名词＋上（语义上的空位）	名词＋下
×	腋　下
×	胯　下

在语言系统中，也有“胯上”、“腋上”的形式存在，但“上”是“接触义”和“出现义”，与表3－22中“下”的“方向义”并不对应，而且使用频率较低。在表3－22中，“腋下”和“胯下”中的“下”表示相对位置较低的地方，如“他腋下长了一个小疙瘩”，“打篮球怎么练习胯下运球”。而“腋上”和“胯上”并无对应的语义情况，因此列出语义上的空位。

②信息载体类名词与“上/下”组配后语义空位的情况，见表3－23。

表3－23　信息载体类名词与“上/下”的组配

名词＋上	名词＋下（语义上的空位）
书　上	×
报 纸 上	×
光荣榜上	×
排行榜上	×
电 脑 上	×

（42）怎样在报纸上投放广告？

（43）我下载的歌曲是排行榜上的前三名。

（44）电脑上的字太小了，得调大一点。

此类的“上”是“$上_2$”，这一类名词可以归为一个语义小类，即它们都是信息载体，它们与信息共存，没有信息它们的存在就没有意义。比如“书”，书上一定是有信息的，信息由文字传递出来，如果没有信息，就是“纸”而不是“书”。而“下”没有与“$上_2$”相对应的意象图式，在语言形式上就会产生空位。

为什么“下”没有发展出与“$上_2$”相对应的意象图式？这还是与“上”、“下”各自表达空间位置关系的特点有关。拿焦点 A 在背景 B 上来说，一般而言，焦点一般比较突出，占用空间较小，背景一般比较常见，占用空间相对较大。比如“桌子上有一本书”。“书”在“桌子”上，“书”是焦点，“桌子”充当背景。“书”和“桌子”都是可见的，就算“桌子”被“书”遮盖了一小部分面积，但是在完形心理机制的作用下这并不影响人们对“桌子”的一个整体识别。所以，“X 上”表示的是这样一种图式关系，焦点“书”和背景“桌子”两者所传递的信息没有被削减。“$上_1$”可以衍生出“$上_2$”，是因为焦点和背景信息都没有被遮盖。

而“下”的图式则不一样，比如说“地下”表示“地面之下”的义项，地下的矿产、地质的特点都是掩盖在地表之下的，不如地面之上那么容易识别。再说“沙发下”、“桌子下”的存在物也不是一眼就能发现的，比如“沙发下”和“床下”的东西得弯下腰去才能看见。而“枕头下”的存在物更是隐蔽，如果参照物 B（如枕头）是不透明的，那么焦点物 A（信）是无法看见的。所以“X 上”可以发展出“$上_2$”的载体图式，而“X 下”则没有。这和焦点 A 与参照物 B 是否接触并没有关系。换句话说，“X 上”焦点 A 是显性的，“X 下”焦点 B 则是相对隐性的。

接下来我们来解释一下外国学生对“在电视上看到的”和“在电视里看到的”这两个句子是否可以替换以及为何可以替换的问题。

（45）我在电视上看到了耐克的广告。

（46）我在电视里看到了耐克的广告。

“电视上”、“电脑上”和“书上”、“报纸上”还略有不同，“书上”、“报纸上”的信息是从外输入的，比如书上的字是打印上去的。但是“电视上”、“电脑上”的信息是从内输入的，是通过电视和电脑内部的信息管道输入的，所以从这个角度上讲，“电视里”也是合理据的。“电视上”和“电视里”都是正确的表达，表达的是同一事件的不同观察视角。

③事物类名词与“上/下”组配后语义空位的情况。

“X上”和“X下”所指的空间范围不对应，“X下”的空间范围要大于“X上”，“X上”的空间范围是封闭的，而“X下”的空间范围具有延伸性，见表3－24。

表3－24 事物类名词与“上/下”的组配

名词＋上	名词＋下
山 上	山 下
树 上	树 下
楼 上	楼 下
台 上	台 下
车 上	车 下

表3－24中的名词X在外形上成锥体或柱体的特征，由于地球引力的作用，这些实体的底面必须与地面接触，让地面提供力的支撑，导致“X上”与“X下”的空间范围不对等。“X下”除了包括与“X上”对应的空间外，还包括其延伸空间，与“X上”对应的空间和“X上”共存于X这一整体之中，而延伸空间则是因为实体的底面要和地面接触，接触之后范围就具有了一定的延展性。比如“山下”可以理解为“山脚”和山脚下其他有形实体（比如村庄）的范围总和。例如：

（47）这店楼上住人，楼下卖茶带饭。

（48）他站在桥上看着桥下的流水。

（49）台下的观众鼓起了热烈的掌声。

此外，“上”可以反映平面的包含关系，而“下”却不能。和同样的名词X组配却反映出不同的视角。例如，“窗户上”一般指窗户这一平面上，而“窗户下”并未和“窗户上”形成对立的语义关系，而是指相对窗户而言的较低的位置关系。例如：

（50）在寒冷的冬天，窗户上常常会结一层冰花。

（51）床放在窗户下好不好？

此外，“书上”指书本范围内，而“书下”指书下面的东西。类似的例子还有“电视上”—“电视下”，“门上”—“门下”等。

有意思的是，“X上”和“X下”在语义上不仅不存在对立关系，甚至语义所指还可以相同，见表3－25。

表3－25 “X上”和“X下”语义所指相同的情况

名词＋上	名词＋下
地　上	地　下
天　上	天　下

先看一组例子：

（52）小孩子喜欢把玩具丢到地上。

（53）牙签、果皮等物不得随便丢到地下。

（54）地上很脏。

（55）地下很脏。

遇到这类现象，外国学生就会不知其解，到底是用“X上”还是“X下”，“X上”和“X下”是否还具有对立的语义关系？这例句中的“地上”和“地下”所指范围是否一样？“上”和“下”的空间对立关系为何在与名词组配后就消解了？

这是因为“地上”和“地下”虽然从形式上看是对立关系，但两者是通过不同的构词机制生成的。“地上”是以“地面”为参照物，焦点在“地面之上”，“地”和“上”的语义直接组配，两者直接发生语义关系，整个表达式的意义可以从组配单位的意义推导出来。

而“地下”的“地”是“地面”，“下”不是“地面的下方”，而是“说话人视角的下方”。也就是说“地上”只用了一个参照物“地面”来表达，而“地下”却用了两个参照物“地面”和“说话者”来表达。“地下”组合的意义不能由其组配元素的意义推导出来，“地”和“下”没有发生直接的语义联系。对于说话者而言，后置词“下”在句中标引了动作的方向，所以是运动事件中的焦点信息，所以“丢到地下”是“丢下去”和“到地面”的语义糅合。

既然“地上”和“地下”的生成方式不同，它们就不是完全等值的两个语言形式，两者不可以无条件地相互置换。例如：

（56）宝宝总喜欢把餐具丢到地上。

（57）老头子打房上跳下来，落到地上，还轻盈地弹了几下。[1]

（56）中的“地上”可以换为“地下”，（57）中的“地上”换为“地下”似乎就不够自然。“老头子”尽管“落到地上”了，但一般不会在说话人的视线以下，所以不宜用“地下”。

之所以“地下”可以表示“地面之上”的语义，是提取了一个事件图式中的两个最凸显元素的结果，整个事件图景，通过这两个凸显元素可以完形出来。语言中还有类似的例子，比如“救火”、“打扫卫生”，“救火”的构词方式是“动作＋原因”，“打扫卫生”的构词方式是“动作＋目的”，都是相同的机制。

赵元任早就注意到方位词“上”的构词能力比“下”大，他认为由“下”组配成的复合词总是词汇性的（如“天下”、“乡下”、“舍下”），由“上”组配而成的复合词则有部分是非词汇性的（赵元任，1979：192，278－279）。什么是词汇性的？就是指组配后表达式的语义不能简单等于组配前单位语义的简单相加，经过组配各语言单位已经凝聚成一个表义整体，对于母语习得还是汉语习得都要作为一个整体输入。

同理，“天上”与“地下”的构造方式一致。“天”是处于我们头顶上方的，“天”已隐含了方位“上”，“天上”的“上”是说话人视角的上方，所以一般情况下，“天上”可以替换成“天空”，如：

---

① 此例引自任鹰（2007：15）。

(58) 天上飞过一群小鸟。

(59) 天上出现了一道彩虹。

至于“天下”，则词汇化的程度更高。《现代汉语词典》中“天下”有两个义项，❶“指中国或世界”，如“我们的朋友遍天下”；❷指“国家的统治权”，如“新中国是人民的天下”。

(4) “X上”中的X并不具有周遍性。

有外国学生问过这样的问题，汉语可以说“在桌子上”、“在船上”为什么不能说“＊在上海上”，而只能说“在上海”。“桌子”、“船”、“上海”不是都表示位置或处所吗？这有什么不同呢？

其实“桌子”、“船”与“上海”并不同，“上海”是一个地点名词，而“桌子”、“船”等只是一个人造物，只表达实体的概念，如果要表达处所的语义概念必须要在“桌子”、“船”后添加一个方位后置词来标识处所概念，即“桌子上”、“船上”。假设我们换一个动词，将存在动词“在”换为移动动词“去”，则组配情况又不一样，我们可以说“去上海”，却不能说“＊去桌子”、“＊去船”，因为动词“去”要和处所名词组配，“桌子”、“船”必须添加方位成分“旁边”、“前”、“后”来获得作为“去”的配项所应具备的处所性。动词的意义和功能选择并规定着名词的语义特征，是普遍存在于人类语言的共性现象（任鹰，2007：419－430）。

二　投射域的组配研究

1. “内（里）—外”组

(1) 由空间域投射到范围域。

“内外”本来是指一个实体的内外对应关系，比如“教室内”和“教室外”，“教室”作为一个容器实体，边界是存在的，是可见可感的。在认知机制的作用下，我们把一些精神的、言语的东西和活动的过程也看作一个实体，虽然这些实体的边界在客观世界中无法用视觉听觉去感知，但是在语言的世界里，我们把它看作一个容器，也具有边界性。“内/外”也由标识空间关系转为标识一种范围关系，见表3－26。

表 3－26　表范围的“内/外”与 X 的组配

X＋外	X＋内	X＋里
课　外	课　内	
信　外	信　内	
话外之音		话里有话
×	年　内	

这一组“X 内/外”对于留学生来说是较容易习得的，空位的情况也容易解释，因为汉语表达中不需要“＊年外”这个概念。从逻辑上讲，语言系统内的这种空位也是允许出现的。

（2）由空间域投射到时间域。

表 3－27　表时间的“内/外”与 X 的组配

时间名词＋里	时间名词＋内	时间名词＋外
三年里	三年内	＊三年外
春天里	＊春天内	＊春天外
正月里	？正月内	＊正月外
三天里	三天内	三天外
＊将来里	＊将来内	＊将来外
？2017 年里	2017 年内	＊2017 年外

汉语里，有些时间名词可以和方位词组配，有些则不可以，但教材并未明确指出时间名词进入此类构式的限制条件，外国学生根据已学的或已出现的语言现象进行积极类推，往往会出现过度类推的例子，如“＊2017 年里我来了中国”、“＊你打算在将来里干什么？”等错误的句子。

通过表 3－27 的组配现象我们发现，并不是所有的时间名词都可以和“里/内”、“外”组配，而且有意思的是，可以和“里”组配的未必一定能和“内”组配，可以和“内”组配的未必也可以和“里”组配，而且和“里/内”组配的时间名词并未形成和“外”组配的语义对立关系，有些语言形式出现空位。①“现在、将来、过去、刚才、如今、以往、最近、近来、原先、后来”等时间名词不与方位词“里/内”、“外”组配。因而汉语没有“＊将来里你打算干什么？”“＊现在里你忙不忙？”这样的句子。②表示时段的时间名词，如“几个小时”、“三天”、“一个星期”、

“两年”等可以和方位词组配。③陈满华认为表示时点的时间名词一般不和方位词“里”组配，如“1993年”、“星期二”、“昨天”、“三点”等（陈满华，1995：29）。但表示季节、月份的词语有时可以和“里”组配，如“秋天里”、“正月里”等。

从表3－27我们还可以发现，方位词在与时间名词组配前，“里/内”与“外”在语义上是极性对立关系，但当方位词与时间名词组配后，表示与“N＋里/内”相反的时间关系并不是“N＋外”，而是“N＋以前/以后/以上”，比如在语言系统里并没有“三年外”与“三年里/内”相对应，而是“三年以前”或“三年以后”。

2.“前—后”组

“前—后”组主要是从空间域投射到时间域。组配后形式上没有空位，语义上出现空位，见表3－28。

表3－28 表时间的“前/后”与X的组配

名词＋前	名词＋后
死　前	死　后
生　前	生　后

“生”和“死”具有对立的语义关系，“死前”和“死后”也分别形成对立的语义关系，即“死之前”和“死之后”。而“生前”和“生后”并没有形成语义对立关系，“生前”指“没死的时候”，也就是“死之前”，而“生后”指的是“出生以后”。也就是说“生前”应该表示“出生之前”这一语义出现空位。

之所以“生前”的语义上出现空位，是因为“生前”属于词法范畴，而“死前”、“死后”、“生后”属于句法范畴。“死前”是“死”和“之前”语义的直接加合，而“生前”已经词汇化，其表达式的意义已不能简单由“生”和“前”推知。也正是因为这两个形式的语义构成机制并不一致，所以“生前”和“死前”有各自的语用范围。

如果描述一个人“生前”的情况，这个人一定已经去世了，如：

（60）周恩来辞世的当天，邓颖超即向党中央提出了周恩来生前的最后一个请求：骨灰不保留，要撒掉。

（61）他还公布了陈晓旭生前的一些珍贵照片。

但“死前”既可以表示已去世，也可以表示还未去世的时候。如：

（62）他打算死前把钱都花光，不留给任何人。

“生后”和“死后”的句法结构一致，分别是“出生之后”和“死亡之后”。如：

（63）生后7个月，宝宝的抗病力开始下降。

（64）人死后的36个小时内会发生什么？

3. “上—下”组

（1）“X+上/下”表示范围义。

“X+上”表示在某种事物的范围以内，“X+下”表示在某种事物的范围之外[①]，见表3-29。

表3-29　表范围的“上/下”与X的组配

名词+上	名词+下
会　上	会　下
课　上	课　下

其实，这里的“X+上/下”所表达的语义和“X+内/外”是一致的。那么，能进入这类结构的名词X必须是抽象名词，而且要具有“容器”的语义特征。如果X符合这一语义特征，则X具有周遍性。

（2）“X+上”表示方面义。

“X+上”表示方面义，“X+下”出现形式上的空位，见表3-30。

表3-30　“X+上”表示方面义

名词+上	名词+下
组织上	×
事实上	×
思想上	×

① 《现代汉语词典》（第五版）里并没有列出“上/下”的这个义项。

续表

名词 + 上	名词 + 下
理论上	×
感情上	×
政治上	×
经济上	×
历史上	×

"X + 上"可以表示方面义，与"上"空间域中"$上_2$"表示"载体"义的意象图式有关。在空间域中，"$上_2$"指类似"报纸上报道了这则新闻"中"报纸上"的例子，"报纸"、"书"等都是可感知的实体，它们作为信息的载体负责传递信息。而当"上"和表抽象义的名词组配后，两词语之间语义发生了互动，"历史上的故事"、"感情上的烦恼"、"组织上的安排"等分别将历史、感情、组织等抽象物认知为可感的实体，这些实体上呈现了什么事件或发生了什么事情。例如：

(65) 这是组织上应该考虑到的重要问题。

(66) 大家快来帮我解决感情上的烦恼。

(67) 这就是历史上著名的八王之乱。

这类用法是强调语用上的凸显，我们要讨论一个事物或一件事情，它们都有许多个侧面，但是我们只关注其中的一个凸显面，把关注和谈论的焦点集中在这个方面，这个用法是"上"空间域意象图式进一步虚化的结果。例(65)~(67)中的"X + 上"前面都不能添加介词"在"。

有些"X + 上"可以添加介词"在"，形成"在……上"结构，介词"在"不能省略，例如：

(68) 我认为，在这个问题上，只要中央和地方统一思想，统一认识，是完全可以做好的。

(69) 近十年内，我国拥有的水资源在数量上可以满足需求。

(70) 许多城市公交优先只停留在口头上。

(3)"在 + X + 下"表示事件发生的前提或条件，"在 + X + 上"出现形式上的空位，见表 3－31。

表 3－31　“在＋X＋下”表示事件发生的前提或条件

在＋X＋上	在＋X＋下
×	在党的领导下
×	在同学们的帮助下
×	在集体的关怀下

能进入“在＋X＋下”的名词 X 无外乎是“领导、帮助、条件、情况”等词，如：

（71）在党的领导下依法推进人大工作。

（72）在老师的帮助下，大多数学生都养成了良好的学习习惯。

（73）在艰苦的条件下为群众服务。

进入此类的 X 必须是“修饰语＋中心语”的结构。“在＋X＋下”强调的是前提或条件，后续句子说的是在这样的前提或条件下出现的是什么样的结果。

关于“下”，词典中还有这样两个义项，一个义项是表示当某个时间或是时节，如“时下”、“节下”、“年下”。与“目前”、“眼下”一致，这类时间词是从空间域投射到时间域的结果。“下”表示“现在”义，与“过去”、“将来”形成三元对立关系。在汉语中“前”指将来而“后”指过去，体现的是时间隐喻的方向性，“前”指过去而“后”指将来体现的是时间隐喻的序列性（刘甜，2009：123）。从方向性的角度，人的前方就是将来，“眼下”就是现在，人的后方就是过去。“下”的“现在”义仍可以在空间域找到对应的图式。

另一个义项是用在数目字后面，表示方面或方位，如“两下都同意”、“往四下一看”，我们也归入方位义，不专节论述。

三　几组易混构式的对比分析

陈满华认为表示地名的名词不能和方位词“里、中、上”组配，比如“＊在北京里”是不合语法的；表示山、湖、河流、海洋、水库等的专名可以和方位词“里、中、上”组配，但专名后不出现方位词也可以成立，如“在秦淮河里钓鱼”和“在秦淮河钓鱼”都合乎语法；机构内名词一般不需要和方位词“里、中、上”组配，但表示强调时可以添加，如“图书馆很热”和“图书馆里很热”（陈满华，1995：28）。“图书馆有人”一定被优势理解为“图书馆里有人”，而不是“图书馆外有人”，邹韶华把这种现象称为“中性词义偏移”，也就是说，虽然汉语处所词后面没有出现方位词，但其语义本身就偏指“～里、～内、～中、～上”的特点，而不是相反的“～外”、“～下”等（邹韶华，1988：252）。

汉语里这些语言现象都会对外国学生的输入过程和输出过程造成类推的障碍，本节特选几组常见的组配形式进行对比分析。

1. “N＋上”与“N＋里”的辨析

缑瑞隆和童盛强都认为有的“N＋上”的语义就是“N＋里”，比如“飞机上不能使用手机”中“飞机上”就是“飞机里”的意思（缑瑞隆，2004：73；童盛强，2006：87）。童文指出由于“飞机”、“汽车”等具有容器特征，目的物实际存在的处所常常就是其内部空间，因此这类“N＋上”同时也能表示内部空间的意义。但童文也指出，“N＋上”能表示内部空间并不表示“N＋上”完全等同“N＋里”，两者有时能互换，有时在使用上仍具有选择性。童文指出在强调高处义或强调内部空间义时不能互换，如“从3000米高的飞机上跳伞”和“飞机里的温度大大高于飞机外的温度”。

缑文认为“拿在手上”的“手上”也表示内部空间的意义，认为这是由“上”表示“位置在高处”的语义引申而来，认为这一表达式凸显了筒状容器的内表（曲）面。但童文认为许多筒状容器如杯子、水管等并不具备这样的用法。

葛婷认为“N＋上”与“N＋里”表达空间范围时存在交叉点：“上”的使用侧重于开放的空间与平面，“里”的使用偏重于封闭的容器与空间，但由于“里”的封闭性强弱不同，就存在典型与边缘的区别，那么在边缘地带与“上”发生重叠是很自然的（葛婷，2004：64）。目的物在摊开的手上是典型的“上”型空间，在紧握的手里是典型的“里”型空间，两者在使用上不存在交叉，“上”和“里”不能互换，如“摊开的双手上全是鲜血”和“手里紧紧地攥着一枚硬币”。但是在半封闭半开放的中间过渡地带，“里”和“上”的使用存在着交叉，两者能互换，如“拿在手上”和“拿在手里”。而杯子、水管等则不能像手一样改变形状成为半封闭半开放的空间，因此，这一类“X+上”只能表示外表面，不能表示内部空间。

本书认为“N+上”与“N+里”在大部分时候是不可替换的，或替换后语义有差别，因为并不是所有的名词都可以与“上”和“里”组配，比如我们说“腿上有只蚊子”，没有对应的“*腿里”，我们说“嘴里有颗糖”也没法用“嘴上”来替换。“桌子上有支笔”指桌子这一平面上有一支笔，而“桌子里有一支笔”则指桌子附带的抽屉里存在一支笔。若用来表示“动车能向乘客们提供饮食”这一事件，汉语优选“动车上有吃的”而不是“动车里有吃的”。因此，当凸显存在地点时用“N+上”，当凸显容器特征时用“N+里”。

2. “N+下”与“N+后”的辨析

方位后置词“上、下、前、后”可以和过程名词[①]组配，“N+上”表示在过程内，“N+前/后”分别表示某一动作、运动或事件发生以前和以后。“N+下”和“N+后”都可以表示某一事件结束以后，比如“会下”和“会后”，“课下”和“课后”。那么，外国学生会根据已呈现的语言现象积极类推，他们会认为“N+下”和“N+后”成对称关系，所有的“N+下”都有“N+后”，反之亦然，但语言事实并不是如此，见表3-32。

表3-32 过程名词与“下”、“后”的组配

过程名词+下	过程名词+后
会下	会后
课下	课后
*饭下	饭后
*事下	事后

我们会发现有些“N+后”并没有与之对应的“N+下”，比如有“饭后”无“*饭下”，有“事后”无“*事下”。这类系统中如果

① 本书暂将某些表示动作、运动或事件过程的名词称为过程名词。

“N＋下”出现空位，“N＋上”也出现空位，见表3－33。

表3－33　过程名词与“上”、“前”、“后”的组配

过程名词＋上	过程名词＋前	过程名词＋后
会上	会　前	会　后
课上	课　前	课　后
*饭上	饭　前	饭　后
*事上	事　前	事　后

从表3－33可以看出，“N＋上”构式中的N也并不具有周遍性，“＊事上”、“＊考试下”“＊饭上”在语言系统中并不存在。

很多研究也都发现，大多数的过程名词习惯上只和“上”组配，和“下”的组配出现空位，见表3－34。

表3－34　过程名词与“上”、“下”的组配

过程名词＋上	过程名词＋下
席上	*席下
毕业典礼上	*毕业典礼下
婚礼上	*婚礼下
开幕式上	*开幕式下

从表3－32、表3－33、表3－34可以看出，“过程名词＋下”中的名词也并不具有周遍性。“会下”和“课下”是两个频率较高的例子，在对外汉语教学中，不如把它们当作一个整体来输入，可以有效地避免过度类推。

3．“N＋里”与“N＋中”的辨析

陈满华发现，有些名词可以接方位词“里、中”，有些名词可接可不接，有些名词必须接，这对于外国学生来说是个难点（陈满华，1995：64）。“里”和“中”在汉语里都是表示与“外”相对的概念，有时候它们是可以互换的，比如“心里有爱”和“心中有爱”，有时又不能随意互换，比如“城里人”可以用，而“＊城中人”这一表达却不被接受。

《现代汉语词典》（第五版）对“外”的解释为❶方位词。外边（跟“内、里”）相对。对“内”的解释为❶方位词。里头（跟“外”）相对。

对“里”的解释为❷方位词。里边（跟“外”相对）。

对“中”的解释为❶方位词。跟四周的距离相等；中心❸方位词。范围内；内部：家～/水～/山～/心～/队伍～。

通过对比发现，“N+里”和“N+中”在心理词库中可以以短语的形式存在，见表3－35。

表3－35　名词和“里”、“中”的组配

名词+里	名词+中
厨房里	厨房中
杯子里	杯子中
城市里	城市中
包　里	包　中

但进入句子后却呈现出不对称的现象，请看下面五组例子：

（74）a　他在厨房里洗鱼。

b　？他在厨房中洗鱼。

（75）a　杯子里没水。

b　？杯子中没水。

（76）a　城市里的流浪狗应该有个家。

b　？城市中的流泪狗应该有个家。

（77）a　他从包里掏出来一些糖果。

b　？他从包中掏出来一些糖果。

（78）a　他在教室里呢。

b　？他在教室中呢。

例（74）～（78）说明，名词加“里”和“中”虽然在心理词库中可以成立且语义几乎等值，但在动态的组配过程中两者不可以互换。

吕叔湘指出，当单音节机构名词与“里”组配时既可以表示该机构所在的地点，又可表示该机构本身，有时偏指该机构的人（吕叔湘，1984：322）。例如：

（79）a　家里没人。（指处所）

b　我五爷爷属蛇，家里都叫他老蛇。（指家里人）

（80）a 车间里见不到一个人。（指处所）

b 现在，车间里给老人改了名，叫“山井西边”。（指车间里的人）

第三节 小结

本章从形式入手，分方位区别词和方位后置词两小节分析其组配情况，在每小节内部，从语义入手，分空间域和投射域两类进行专节分析。

从空间域到投射域，既符合人类认知的发展顺序，也符合二语习得由具体到抽象、由简单到复杂的学习规律。

空间极性词在和名语素组配后，既可能产生形式上的空位，也可能产生语义上的空位。

形式上产生空位受到以下几个因素的制约。

（1）表达层面不需要。比如我们向别人介绍“这是我的丈夫”就意味着“这任丈夫是现在时”，现在和将来的概念都不需要表达，因而语言系统中有“前夫”没有“＊后夫”。

（2）客观世界的制约。比如“东南”、“东北”、“西南”、“西北”和“东西”、“南北”的表义不一致就是受客观世界方位的限制。

（3）两个组配成分之间的语义相容性。如两组配元素语义不相容，自然不能组合。比如“＊内表”、“＊外心”等。

语义上产生空位受到以下几个因素的制约。

（1）两组配元素在组配后是一个语义互动的关系，组配的过程使两组配语素语义发生了动态的变化，但这一变化并不是随意的。比如，当空间极性词“外”与“国、省、埠”等词语组配时，由于“国、省、埠”等词语都具有［＋边界性］的语义特征，比如从地图上，每个国家的领土、每个省的范围都是清晰可见的，因而“内/外”和这样的词语组配时，语义就会发生变化，从而凸显“自己”和“非己”的对立关系。

（2）语言的变化发展破坏了原本平衡对称的系统。比如“内地”、“外地”在古代是指京城内和京城外的地方，形式上对称，语义上对立。

但随着语言的发展，“外地”语义变化为指本地以外的地方，而“内地”则指距离边疆（或沿海）较远的地方。

（3）语义组配机制不一致。“地上”和“地下”为何可以所指相同，是因为“地上”是“地”与“上”直接发生语义组合关系。而“地下”还加入了说话者的视角。

有时，形式上的空位不一定就是真的空位，而是我们对义项的概括不具体，定义过于宽泛而导致的，比如“外省”、“外埠”没有与之对应的“*内省”、“*内埠”是因为“内”与“外”并不是在空间上形成对立，而是在“非我”和“本我”之间形成了对立。

第四章　移动变化义空间极性词的组配

如果把方位义空间极性词进行如下语义刻画：

上：[＋存在][＋位置较高]　　下：[＋存在][＋位置较低]
内：[＋存在][＋位置在里]　　外：[＋存在][＋位置在外]

那么移动变化义的空间极性词的语义可以描写为：

上：[＋移动][＋至位置较高处]　　下：[＋移动][＋至位置较低处]
进：[＋移动][＋从外到里]　　　　出：[＋移动][＋从里到外]

本章讨论的是空间极性词作动词时与其他词语的组配情况。空间极性词作动词，既表示位移动作本身，又表示位移的方向，即动作和方向两个语义要素合二为一。这与空间极性词做补语的情况不同，做补语时，空间极性词只表示动作主体位移的方向，具体的位移动作由另一个动词承担，具体情况见第五章和第六章。本章我们以“上/下”、“进/出”为分析对象，其中以动词“上/下”和名词的组配为主。

第一节　“上/下”在空间域的组配

一　“上/下”在纵轴上的位移

1. “上/下”和地点宾语的组配

参照 Talmy 的概念结构[①]，空间极性词作动词时表示的位移事件可以

① 根据 Talmy 所设定的概念结构（conceptual structure），表示位移的事件由四个基本的语义元素组成，即“客体”（figure）、“处所”（ground）、“移动”（motion）和“路径”（path），有的会出现伴随事件，如“方式”（manner）或“动因”（cause）。（转引自萧佩宜，2009：52）

分解为这样几个基本语义元素：位移主体、位移客体、位移动作、位移方向、位移路径、位移所受的动力驱动。在“上+地点宾语”结构中，位移主体、位移动作、位移路径、位移方向在客观世界里都是可观察到的，这是移动义空间极性词“上/下”最基本的用法。

其中“上+X”表示“由低处向高处移动”，“X”是位移动作到达的终点。“下+X”表示“由高处向低处移动”，“X”是位移动作离开的起点。这与方位词“上/下”的原型义项“位置较高/位置较低”是直接相关的，见表4-1。

表4-1 “上/下”与地点宾语的组配（纵轴方向上的位移）

上+X_1	下+X_1
上 山	下 山
上 坡	下 坡
上 楼	下 楼
上台阶	下台阶
上 车	下 车

表4-1中左右两列在形式上对称，在语义上对立。“上”、“下”分别表示由较低处向较高处移动和由较高处向较低处移动。和“上/下”组配的名词要么是客观世界中有实际高度的自然存在物，如“山、坡”等，要么是客观世界中的人造物，如“楼、车、船、飞机”等。此类位移属于客观世界里物理性的位移。

类似的组配还有“上船/下船”、“上岸/＊下岸[①]”、“上飞机/下飞机”等。能进入此类的处所词X和参照物之间具有一定的高度，比如“车”、“楼”相对于“地面”，“岸”相对于“水面”等。

“上/下”和地点宾语组配后，不仅“上”与“下”方向的对立得到体现，宾语凸显起点和终点的对立也得到体现。“上+X”中宾语凸显动作位移的目的地，即凸显终点，“下+X”中宾语凸显位移的离开地，即凸显起点。很多学者都持有一致的观点（沈家煊，1999：160；杉村博

① “＊下岸”之所以在语言系统中没有出现是因为客观场景不需要这样表达。

文，1983：115）。对此类现象，多数学者这样分析：“上”表示“到达”义，“下”表示“离开”义。本书认为这个解释过于笼统，“上山”不是“到了山顶”，而是“由较低处向山上较高处不断地向上移动”的过程，比如语言中有进行时态“正在上山”。

除了表示位移的过程，“上/下 + X”还可以指位移完成后的结果。如果位移过程在现实世界中比较长，比如“上山”，则过程和结果都可以被表示。如果位移过程在现实世界中比较短，比如“上船”，是一步就可以完成的动作，则常常凸显为位移的结果。例如：

（1）李时珍从小受父亲的影响，常常和小伙伴一起上山采集各种药草。

（2）是先上船好，还是后上船好，其实是个哲学命题。

不管是“上山”还是“下山”，“山”在组配前的语义是多维的，包括山的多个方面，比如山脚、山腰、山的较高处、山顶等。“山”的语义在和极性词“上/下”组配之后，“山的较高处/山顶”义被激活，“山”语义所指具象化。具有多重语义特征的名词在一个特定的结构中所实现的不可能是全部语义特征，动词的意义和功能选择并规定着名词的语义特征，是普遍存在于人类语言的共性现象（任鹰，2007：429）。

此类中“上/下”的语义是移动义空间极性词“上/下”的原型义项，其他义项都是通过转喻或隐喻等认知手段在这个原型义的基础上发展起来的。这个原型义项至少可以分解为两个语义要素：“移动”和“位差”。那么，“上”就是“移动” + “由较低位置到较高位置”，“下”就是“移动” + “由较高位置到较低位置”。

还有一类我们也放在这里分析，即“上北京”、“下广州”等语言现象。因为社会文化约定了“上北下南”，“北高南低”，北为上，南为下，所以，“上/下”和地名组合时也遵循了这一规则。

2. “下”与物体宾语的组配

“下”还可以和物体宾语组配，表示位移客体由较高处至较低处的位移。“上”的组配出现形式上的空位，见表 4 – 2。

表 4－2　“上/下”与物体宾语的组配（纵轴方向上的位移）

上＋X_2	下＋X_2
×	下　雨
×	下　雪
×	下猪崽
×	下　笔
×	下饺子
×	下　棋
×	下赌注

此类的例子还有“下雾”、“下寒气”、“下冰雹”、“下蛋”等。在地心引力的作用下，人们所观察到的“雨”、“雪”等降落的轨迹只能是由上自下的，“下笔”[①] 也是如此。这一类“上＋X”出现形式上的空位，是受到现实情况制约的结果，因为风云雷电这些自然现象只可能是由上而下，而不可能是由下而上。

此类虽然是位移客体的移动，但位移客体并不是自发的移动，而是在外力作用下进行移动。比如“下雨”、“下雪”是自然界外力作用的结果，“下笔”、“下棋”中的“笔”和“棋”也是“手”这一器官外力作用的结果。

二　“上/下”在横轴上的位移

吕叔湘指出，“上/下”作动词解时，“上”还可以表示“由一处到另一处”，“下”有“进入（处所）”之义（吕叔湘，2003：417－418）。

《现代汉语词典》（第五版）对动词“上/下”的释义如下：

> 上：到；去（某个地方）：上街｜上工厂｜他上哪儿去了？
> 下：去；到（处所）：下乡｜下车间｜下馆子

卢华岩专门把这类列为“到”义动词，并从认知角度进行了分析

① “下笔”的引申义（“开始”义）在此不讨论，其引申义也是在其空间移动义的基础上发展出来的。

（卢华岩，2001：18－22）。这样释义对以汉语为母语的人来说没有问题，但在对外汉语教学中，外国学生根据这样的解释没法作出正确的类推，比如，同是处于房屋内的两个部分“厕所”和“厨房”，和空间极性词的组配分别是“上厕所”和“下厨房”，而我们不说“＊下厕所”，也少说“？上厨房”。

为了便于分析和教学，我们将表示横向位移的“上/下”和宾语的组配情况分成几类来讨论。

1. “上＋X”表示“从一处移动到另一处实施某项活动”，其中地点宾语“X”是实施这一活动的场所

此类词见表4－3。

表4－3 “上/下”与地点宾语的组配（横轴方向上的位移）

上＋X_3	下＋X_3
上　街	×
上图书馆	×
上公园	×
上商场	×
上单位	×
上外地	×
上海边	×
上厕所	×

表4－3中“上/下”表示横向位移，即动作的位移并没有造成高度的改变，这里的“上”可以替换成“到……去”，“上图书馆”即“到图书馆去”。这个结构中X_3是动作位移的目的地，和“上”后接地点宾语凸显终点一致。进入此类的处所词还有“酒吧”、“咖啡馆”、“博物馆”、“洗手间”、“盥洗室”等。

与表4－1不同，X_3在这里被视为一个点而不是一个组装物。比如“图书馆”作为一个人造物，肯定是有一定高度的，也有外墙、走廊、内部构造等。但根据常识和常理，没人去攀爬图书馆的外墙。因此“上图书馆”这一位移事件被识解成“去/到图书馆”的图式。

“上”的移动义由表纵向的位移衍生出表横向的位移与人类的认知有

关。“上”和“下”能形成语义对立的原因就在于空间存在域里物体的高度有高、低之别，“上”一定是由较低处到较高处，“下”则相反。在客观世界中，较高处即凸起物，凸起物容易成为焦点，而位置较低处的实体则容易成为焦点的背景。那么，如果我们要出发去一个地方，这个地方一定是我们关注的焦点，我们就是奔着这个焦点而去的，不是焦点的我们不会关注或者很少会关注，那么这个目的地就是我们心中的焦点，即凸起物，凸起物就会占据相对高的位置，那么表4－3中的组配形式虽然在现实世界里我们看到的是没有高度差的位移，是水平位移，但在心理世界中，其实是有高度差的位移。这和“上”“下”分别表示由较低处向较高处位移和由较高处向较低处位移一致。

在“$上_1$”和“$上_3$”语义间搭起桥梁的是“凸起”或“焦点”这个关键点。

以上是对空间极性词和地点宾语组配前的语义分析，组配后表达式的语义并不等于两者的简单相加。比如“上厕所”并不仅仅只是表达“去厕所”、“到厕所去”这样一个简单的横向位移活动，还表示了另一活动事件，即“排泄”这一生理环节。也就是说，“上厕所”表示了两个事件，一个是位移事件，另一个是活动事件。

比如，如果说“我要上厕所”，其意思并不是说我要到厕所这个地方去，而是指“我要到厕所这个地方进行排泄（大/小便）”。同样“上图书馆”是指“到图书馆这个地方学习/看书”等，“上公园”是指“到公园这个地方玩儿/散心/散步”等，“上单位”是指“到单位这个地方工作”等。“上”和“X”组配之后其实表示的不是一个简单的位移活动，而是表示“从一处移动到另一处实施某项活动”之义，其中X是实施这一活动的场所。

在表4－3中，与其他组配形式相比，“上厕所”语法化程度较高。除“上厕所”外，其他组配形式既能表示一个简单的位移事件，即“去某地”，如“上图书馆”是“去图书馆”之义，也能表达组合后的特定语义，“他上图书馆了”中“上图书馆”可以是“去学习”或“去工作”之义。但是“上厕所”并不是“去厕所”的语义，而是表示“排泄”义。

“上厕所”与表4－3中其他成员不同，还可以从其他方面找到形式上的验证。比如我们说“上图书馆去借几本书”。“上”和后续动词“借”可以构成联动结构，但是“上厕所”后不能再出现其他动词。比如我们可以说“你去干吗?”回答是“我去上厕所”。甚至还可以加量词“个”，“我去上个厕所”。但是这一组里别的词语没有类似的用法。“上厕所”语法化的程度高与我们表达的需求和频率有关，这是我们每个人每天都需要做的事情，表达经常发生的日常生活场景的语言模式最容易发生语法化现象。陈保亚指出，使用频率很高的规则组合往往容易转义，取得特定的意义，最后成为不规则的组合（陈保亚，2006：107）。

根据认知语言学的理论，语言并不需要表达出一个活动事件所有的环节，只需选取两个或多个凸显元素组配在一起就能表达整个活动事件。比如“买东西”包括准备钱物、去买卖场所、挑选货品、进行买卖、找零、装货品、服务员的态度等非常多的元素，但是“买东西”只选取了表示买卖关系的动词“买”和动作主体想要得到的“东西”这两个元素进行组配，整个买卖事件的其他环节都可以通过完形机制来获取。

同样，“上厕所”这类组配结构就选取了位移动词“上”来表达一个位移事件，“厕所”是活动事件“排泄”实施的场所，这两个元素也可以激活整个场景。

同理，“上”和处所词“馆子”组配之后，也可以表示两种意义：一是“去馆子”这一位移事件，二是指“在馆子吃饭”这一具体活动事件。例如：

（3）上馆子吃好，还是在家吃好?（“上馆子”表示“到馆子去”）

（4）春节长假武汉人花了3亿元上馆子。（“上馆子”指吃饭）

分析到这里，外国学生还有困惑没有解决，“馆子”和“餐厅”同是吃饭的地方，“上馆子”有对应的“下馆子”，但“上餐厅”为什么没有对应的“＊下餐厅”?

“下馆子”现象引起了很多学者的关注，比如王建军、卢华岩、刘俊莉等对“下馆子”从认知角度做出了基本一致的解释：“上”和“下”空间概念上的基本义映射到抽象认知域，从而表示社会心理等级的高低，因为去饭馆吃饭是稀松平常的事，等级较低，所以可以与“下”搭配。（王建军，2001：13；卢华岩，2001：18－22；刘俊莉，2005：111－113）

不过这一标准要因人而异，对于生活水平较高的人群来说，去饭馆可能稀松平常，但对于不富裕的家庭来说，去饭馆可能是奢侈的消费，那饭馆就是等级较高的处所，那就应该用“上馆子”？这又应如何解释？

刘国辉认为，由于“上”从其原型义引申出了“由内向外移动”义，旧时厕所一般设置在屋外，所以有了“上厕所”的说法（刘国辉，2008a：13）。但这一解释仍不具有周遍性，对外国学生来说，也不容易理解。拿“上图书馆”、“上公园”来说，用什么来界定“内”与“外”呢？

“下馆子”这一语言现象的成因太复杂，拟在后文专门分析。其实，除“上/下馆子”之外，表4－3中X是可以找到周遍条件的，可以说所有的人工建造物都是可以进入“上＋X”这一结构来表示横向位移事件。如火车站、汽车站、电影院、港口、码头、澡堂子、办公室等等。甚至指示性代词“这儿”、“那儿”、“哪儿”也都可以进入这一结构。如：

（5）每天都要上这儿开茶话会。

（6）心烦的时候上那儿散散心也挺好的。

（7）上哪儿给这小巨人买衣服？

2.“上/下＋地点宾语”表示向社会等级较高/低方向的横向位移

“下”也可以表示客观世界里的横向移动，在“上＋X”中，位移主体、位移路径、位移方向、位移的目的地都是客观世界真实可感的，特别是X，是客观世界的具体存在物。但是“下＋X”中的X不如“上＋X”的X具体，地点相对抽象，导致这些词很容易激活人们在社会等级域的联想，见表4－4。

表4－4　“下＋地点宾语”表示向社会等级较低的方向横向位移

上＋X_4	下＋X_4
×	下基层
×	下　乡
×	下连队
×	下厨房

表4－4中“基层”、“乡”等处所词很容易激活“偏远”、“落后”、“贫困”、“不发达”等关于社会等级域的联想。很多学者持有这样的观点：因为“上/下”社会心理认知域的语义是空间域“上/下”投射的结果，从“上/下”空间域表示向较高处/较低处移动衍生出向社会心理等级中的较高等级/较低等级移动的义项。

本书提出不同的假设，即地点宾语X所附属的语义特征和“下”由空间域向社会心理认知域的投射是一种双向互动的配置关系，也就是说，是X所附带的这些联想义为“下”在社会等级投射义的形成创造了条件。并不是“下”先具备了“由社会较高等级向社会较低等级移动”这一义项，然后才可以带这些处所宾语。

如果表示向社会心理等级较高的地方移动，我们只能用“上＋X”，见表4－5。

表4－5　“上＋地点宾语”表示向社会等级较高的方向横向位移

上＋X_5	下＋X_5
上京（赶考）	×
上校长室	×

虽然表4－4是“上＋X”组配后形式上出现空位，表4－5是“下＋X”出现空位，但其中“上”和“下”的义项是完全对立的，组配后表达式的语义和形式也是完全对立的。

但有的处所词既可以和“上”组配，也可以和“下”组配，见表4－6。

表4－6　“上/下馆子”和“上/下车间”

上＋X	下＋X
上馆子	下馆子
上车间	下车间

虽同去一个地方，参照的对象不同，社会心理等级的高低就不同，经济条件稍好的家庭说“下馆子”，经济条件相对较差的说“上馆子”。领导到车间视察是“下车间”，普通工人到车间去工作是“上车间”。

其实，仔细比较我们发现，语言系统中其实有两个“上馆子”、一个“下馆子”，两个“上车间”，一个“下车间”。形成这样的空位表，见表4－7。

表4－7　“上/下馆子”和“上/下车间”的空位对应表

A	上$_3$馆子	×
B	上$_5$馆子	下$_4$馆子
C	上$_3$车间	×
D	上$_5$车间	下$_4$车间

A行和C行的“上$_3$馆子”和“上$_3$车间”可以归入表4－3，没有社会心理等级的区分，只表示单纯的“到……去”之义，因而“下＋X”出现形式上的空位。而B行和D行的“上/下馆子”分别对应社会心理等级的高低，因而在表4－7中组配后的表达式在形式上对称，在语义上对立。

“上/下”由物理空间单纯表示位置的高低在认知机制的作用下投射到社会域表示社会心理等级的高低，是由“行”域到“知”域的隐喻。所以形成现在表示等级较高的就用“上”，表示等级较低就用“下”。比如“上得厅堂，下得厨房”。

3.“上”、“下”凸显终点和起点的不对称

前文提及，表4－1中“上＋地点宾语”凸显位移的终点，比如“上山”，“下＋地点宾语”凸显位移的起点，如“下山”，“上山”和“下山”刚好形成对立关系。但是在表4－4中，“下＋地点宾语”（比如“下基层”、“下乡”）也可以凸显位移的终点。

换句话说，就是“下”的运动图式既可以凸显起点（如“下山”），又可以凸显终点（如“下海”、“下乡”），但是为什么“上”却只能凸显“终点”（如“上山”），而不能凸显“起点”呢？

这与“上”是第一性，“下”为第二性有关。在人类的一般活动中，先有“上”这一位移动作才能有“下”这一位移动作。“下”是建立在“上”这一位移已经完成的基础之上的。比如说“下楼”的前提是“已经上了楼”。

可以说纵向位移的“上”与“下”都涉及位移的起点和终点。“上+地点宾语”之所以不凸显位移起点，是因为位移的起点常常指的是地面，不需要凸显。而“下”位移的起点并没有固定值，因此可以受到凸显。而“下”既然是表示位移，必然涉及位移的目的地，即位移的终点，这就导致了“上”与“下”凸显起点和终点的不对称。

三 “上”表示“增添”义，“下”表示“离除”义

“上”的这一义项也是在表4-1的语义基础上发展而来的，表4-1表示的是位移动词“上/下+处所宾语”在纵轴上的位移，比如“上山”、“上楼”等，当位移主体由较低处移动至较高处时，位移事件的背景，比如“山上”、“楼上”则增添了位移的主体，因此“上”衍生出“增添”义，同理，当位移主体由较高处移动至较低处时，则位移主体逐渐淡出了背景，比如“下山”是位移主体从“山”这一背景逐渐淡出的过程，因此，“下”衍生出“离除”义，见表4-8。

表4-8 “上/下”与位移客体的组配

上+X	下+X
上货	下货
上火	下火
上（颜）色	×（掉色/褪色）
上菜	×*
上茶	×
上刑	×

* “下菜”有另一种语义，比如“看人下菜”，并不表示“离除”义，因而表格中标出了空位，这里是语义上的空位。

除表4-8中的例子外，还有“上油漆”、“上蜡”等。这一类的结构为“上/下+位移客体”。这些位移客体在外部动力的驱动下发生了位移变化。

“下茶”、“下刑”在语言发展的过程中隐退了，古时婚姻必以茶为礼，后因称男方向女方家送致聘礼叫“下茶”。“下刑”也在语言历史上出现过，如：

（8）上刑适轻，下服；下刑适重，上服。[①]（《周书·吕刑》）

但这里的“上刑/下刑”中的“上/下”是区别词，与表4-8中的动词“上”并不一致。

“下菜”在语言发展过程中出现了，但使用范围有限，语义也并不与“上菜”对应。比如：

（9）要想皮肤好，教你对症下菜。

（10）看专业下菜，玩转2010年英国留学。

（11）“看人下菜”，在管理上也有很多应用。

（12）售楼小姐看人下菜，哥买的是楼不是冷眼。

由于“上”可以表示“增添”义，当它与抽象名词组配时，容易发生词汇化，比如“上瘾”、“上当”、“上心”等，这些词语的语义已形成一个凝固的整体，词语意义不能从各组合项中推出。

四　“上”表示“使松变紧”义，“下”表示“使紧变松甚至脱离”义

这类“上/下”的义项是在“上”表示“增添”义，“下”表示“离除”义的基础上衍生出来的，如果增添物和被增添物之间的表面是凹凸形，凹的一面和凸的一面刚好可以吻合，这是“上”“使松变紧”的现实和语义基础。“下+X”则表示“使紧变松甚至脱离”之义，见表4-9。

表4-9　“上+X”表示使松变紧义，“下+X”表示使紧变松或脱离义

上+X	下+X
上　弦	×
上发条	×
上闹钟	×
上螺丝	下螺丝
×	下窗户

① 这句话的意思是：犯应判重刑之罪而宜减轻的，服减轻的刑罚。犯应判轻刑之罪而应加重的，服加重的刑罚。

这和本书前文提及的“上”是第一性，“下”是第二性相一致。“下”的“使紧变松”的前提是“上”“使松变紧”实现在前。要指出的是，拿“上螺丝”来说，“螺丝”和“螺帽”是相依存的，这两者组合在一起是一个整体，组合后才能发挥功能和作用。

吕叔湘曾列出了“上”的两个义项：❶把一件东西安装在另一件东西上，把一件东西的两部分安装在一起，如“上刺刀”；❷拧紧，如“上发条”（吕叔湘，2003：417－418）。本书把这两个义项归为一类，因为“刺刀”只有被安装上之后才能发挥功用，“发条”之所以存在就是等待被拧紧的，刺刀、发条分别与其所配物是一个整体的关系。

第二节 “上/下”在投射域的组配

一 “上”表示由较低等级向较高等级提交，“下”表示由较高等级向较低等级传递

如表4－10所示，当表示由较低等级向较高等级提交时，只有“上＋X”形式，当表示由较高等级向较低等级传递时，则只有“下＋X”形式。出现空位的原因是由名词X的语义特点决定的，表4－10中左列的名词所指物只能由下往上呈交，而右列的名词所指物只能由上往下传递。

表4－10 “上/下”与物体宾语组配（社会等级域的高低移动）

上＋X	下＋X
上书	×
上条陈	×
×	下文件
×	下通知
×	下命令

“上”、“下”能从空间域投射到社会等级域，与最初的社会场景和社会经验是分不开的。等级是伴随着社会产生的，在社会发展的不同阶段，等级的衡量标准是不一样的，在社会发展的初级阶段，武力是衡量社会等

级高低的标准，在氏族部落中，武力和力气强的人才可以成为首领，从而占据较高的社会等级，而和强武力、大力气相伴随的往往是较高的身高和较大的外形，当一个相对较矮个子的人面对一个相对较高身高的人时，个子较矮的人的视线必须是向上的，而较高身高的人的视线是向下的。这些原始的生活场景和社会经验是“上/下”能从空间域投射到社会等级域的现实基础。

二 “上/下”分别表示“出现/消失”

此类中位移动词“上/下”后接的位移处所是抽象的处所，名词 X 和“上/下”组配后，其位移路径是抽象的，是心理世界里的纵向位移，见表 4－11。

表 4－11 “上/下”与抽象处所词的组配

“上＋X”	“下＋X”
上排行榜	下排行榜
上黑名单	下黑名单
上　岗	下　岗
上　市	下　市
上　报	？下　报

表 4－11 也可以这样解释，“上”表示“出现于某一位置”，“下”表示“从某一位置消失”。“上排行榜”是“出现在排行榜上”，“上岗”是“出现在某一工作岗位上”等。这类“上”、“下”的语义也是在表4－1的语义基础上引申出来的。表 4－1 中的“上”表示“到达”义，到达某处必然要在空间上占据一个空间位置，人类认知在隐喻的作用下，从空间域投射到其他域是很正常的事情。所以由“位移”义引申出“到达”义，再由“到达”义衍生出“出现义”。同理，表 4－1“下”后接的地点名词表示的是位移的起点，即位移主体从这一起点开始离开，即脱离这一地点，由“离开”义衍生出了“消失”义。

“使出现”和“使消失”其实是“上”和“下”都具有的语义。拿“上山”来说，“上山”的整体图式为“先离开出发点，再向较高处移动，到达目的地”。“上山”这一动作主体的位移行为其实既包含了起点（“山脚”），也包含了终点（“山顶”），既包含了“到达、附着”义（到达山顶），也包含了“离开、消失”义（离开山脚）。“下山”也是如此。为什么“上”只凸显“使占据”义，而“下”只凸显“使消失”义？

我们还是要从人类客观活动寻找解释。比如“上山”和“下山”可以说是人类早期活动中的常见行为，除了翻越山头之外，一般“上山”就会在山上停留一段时间，要么打猎，要么砍柴，要么探索，由于地心引力的作用，上山所付出的体力必然要多于下山。“上山”是一个慢慢到达终点的过程，而“下山”是个瞬间离开起点的过程。“上山”在心理活动中的未知性要大于“下山”，“下山”时位移主体已经在心理完形作用下对这座山有了大致的了解。因此“上”凸显了“出现”义，而“下”凸显了“消失”义。

值得注意的是，“上/下 + X”所表示的位移事件也隐含着“移动后位置或状态的保持”的意思。（任鹰，2007：429）

此类中，如果“上”和“下”单用做谓语，也可以表示“移入/移出注意范围”的语义，比如在舞台上或球场上我们可以说“小王上”、“小李下”。

三 “上”表示“开始”义，“下”表示“结束”义

此类“上/下 + X”并不表示一个位移事件，而是指一个活动事件。“上 + X”指向活动的开始，“下 + X”指向活动的结束，活动本身被看作是一个有开端有结束的事件，见表 4 – 12。

表 4 – 12 “上 + X”指向活动的开始，“下 + X”指向活动的结束

“上 + X”	“下 + X”
上 班	下 班
上 课	下 课
上 操	下 操

表 4 – 12 中的 X“班、课、操”都指一个活动事件，“上 + X”表示开始某项活动，“下 + X”表示结束某项活动，虽然这项活动有始有终，

但是这个活动开始的时间并不是由位移主体决定的，而是遵守社会规则约定的时间，比如在中国上班时间就是从早上 8 点到下午 5 点，或是早上 9 点到下午 6 点，上下课的时间也是由学校规定的，大家都要按规定执行。

"上 X"和"下 X"虽然在组配形式上对称，语义上对立，但是在使用上却出现了语用上的空位。"上 + X"可以和时间段连用也可以和时间点连用，但是"下 + X"常和时间点连用。比如：

(13) 我们九点到六点上班。(与时间段连用)

(14) 这个月都是七点上班。(与时间点连用)

(15) 今天五点半就可以下班了。

(16)？我们五点半到六点半下班[①]。

"上 + X"比"下 + X"语法化程度更高，它甚至可以指示一个施为事件，比如：

(17) 你今天去不去上班？

(18) 早上下雨，我不想上操了。

"上 + X"结构前可以加位移动词"去"或意愿动词"想"，"上 + X"表示"做某件事"，"你去不去上班？"意思是"你去不去做工作这件事？""下班"和"下操"均不能进入以上两个例句，我们不说"＊你去不去下班？"。

投射域中"上 + X"的"开始"义是在空间域横向位移的语义图式上衍生出来的一个新义项。在空间域的横向位移中，比如"上街"、"上图书馆"、"上馆子"，X 表示位移的终点，位移的目的地，在通常情况下，位移主体位移到这些地方后，都会进行一些施为性的事件，比如"上街"是为了"买东西"，"上图书馆"是为了"看书"或"学习"，"上馆子"是为了"吃饭"等。到 X 这类处所去是实施这些行为的前提，

① "我们五点半到六点半下班"只能表示在这一时间段中的某个点都可以下班，并不能表示"下班"这一动作可以从五点半持续到六点半，"下班"、"下课"都是非持续性动词短语。

是准备环节。所以“上＋X”可以由指示一个具体空间内的位移事件转而指示一个施为事件。在语言系统中，人们用“上”的极性词“下”进行反义构词，发展出“下”表示“结束”的引申义。

四 “上＋X”表示“到达某一量”

从本章第1节“上/下”在空间域的组配分析中可以看出，无论是纵向位移还是横向位移，“上”都可以表示“到达”义，由到达某一具体的处所可以引申出到达某一抽象的处所，即到达某一数量，见表4－13。

表4－13 “上＋X”表示“到达某一量”

上＋X	下＋X
上百/上千	×
上岁数/上了年纪	×
上六十岁	×
上一百斤	×

要指出的是，“上岁数”指“上了一定的岁数”，指有了较大年纪。就好像“有钱”、“有水平”一样，“有钱”不是“有一定的钱”，而是“有很多钱”，“上岁数”不是指有些年纪，而是指有了较大年纪。表4－13的组配结构可以看作是一种抽象的位移事件，在量的刻度上纵向位移，由较低的刻度向较高的刻度移动。

量由少到多对应在客观世界里就会有高度的变化，量小的高度矮，量大的高度高。既然是有高度的级差，那么就会产生“高低”之别，也会有“上下”之分。所以此类“上”的语义也是在表4－1的基础上衍生出来的。

不过有意思的是，虽然表中的“下＋X”出现组配上的空位，但是，“下＋数量结构”却可以出现在否定式中，比如“不下一百”，“不下五十”。

五 “下”表示“确定”义

关于此类“下＋X”，《现代汉语词典》（第五版）给出“下”的义项是：做出（言论、判断）等。不过“下”的“判断”、“决定”义是由宾语X的语义贡献的。本书将此类“下”的语义定为“确定”义，见表4－14。

表 4－14　“下”与 X 组配表“确定”义

上＋X	下＋X
×	下决定
×	下狠心
×	下功夫
×	下结论

那么“下”的“确定”义是如何发展而来的？动词“下”在空间域的原型义是“由较高处向较低处位移”，当这一位移过程完成的同时即包含了对这一位移事件的“确定”义。比如我们有“一锤定音”这个词，意思是锤子落下来就意味着双方的约定确定了。那么“上”也可以衍生出“确定”义，为什么这里的“上 X”是空位呢？因为人们习惯把已确定的认知为“下”，把不确定的认知为“上”，比如汉语里有“悬而未决”、“悬案”等词语。

还可以进一步来解释，为什么已确定的为“下”，不确定的为“上”？这是因为在人类所处的物理空间内，由地表向地心的探索范围是确定的，并没有随着人类科技水平的提高而有所改变，但是从地表到太空的距离空间却不是如此，随着人类科技水平的进步，人类对上部空间的认识范围从 10^{21} 米到 10^{24} 米不断地扩大，今后还将继续延伸。

第三节　“进/出”的语义双指性

第三章分析了方位极性词“里（内）”、“外”的组配情况。“里（内）”和“外”是一种静态的存在，是运动后的结果，这个结果是由方向义动词“进”和“出”来完成的。“进”表示由空间外向空间内位移，而“出”则表示由空间内向空间外位移。

虽然“上/下”和“进/出”位移的方向不同，但它们有一个共同的语义特征，即位移活动都涉及起点和终点。这一语义特征使得它们充当述语时，后边一般得带上表示起点或终点的处所词，充当宾语（居红，1992：281）。如：

（19）她进了屋就没再出来。

（20）风浪大的时候不要出海。

（21）出了家门就不想回家。

位移动词“进/出”和名词组配后语义出现了不对称。“进+X”中X只能指向位移的终点，而“出+X”中X既可以指向位移的起点，也可以指向位移的终点。例如：

（22）进了军营才知道，头发是不能超过一寸的。（指向终点）

（23）出了国才明白留在国内好。（指向起点）

（24）我要出庭[①]作证。（指向终点）

“出+X”具有双重语义指向的情况，见表4－15。

表4－15 “出”与地点宾语组配的语义双指现象

“出”带起点指向的宾语	“出”带终点指向的宾语
出　狱	出　海
出　家	出　场
出　院	出　世
出　门	出　洋

与此一致的是，“上+X”中X也只能指向位移的终点，如“上车”，而“下+X”中X既可以指向位移的起点，如“下车”，也可以指向位移的终点，如“下乡”，见表4－16。

表4－16 “下”与地点宾语组配的语义双指现象

“下”带起点指向的宾语	“下”带终点指向的宾语
下　岗	下　海
下　班	下　狱
下　车	下　乡
下飞机	下馆子
下　船	下　船
下　场	下　场

① “出庭”已虚化为一个短语词。

按逻辑推理，“上”和“下”既可以凸显起点也可以凸显终点，因为“上/下”都表示从某处位移到另一处，“上＋X”和“下＋X”除了位移方向不一致之外，其他所有的元素都是一致的。

古川裕指出，位移动词“下”和“出”具有语义双指性（古川裕，2002：49－58）。他指出有些例子很有意思，脱离了具体的语境，无法断定宾语的语义是指向终点还是指向起点。比如，《现代汉语词典》（第五版）给出的解释：

“下船”❶从船上到岸上。（宾语语义指向起点）
❷（方言）从岸上到船上，登船。（宾语语义指向终点）
“下场”❶演员或运动员退场。（宾语语义指向起点）
❷旧时指到考场应考。（宾语语义指向终点）

那么为何“下”、“出”都具有语义双指性，而“上”、“进”后的宾语却只能指向位移的终点呢？

这还是与“上”、“进”是第一性，“下”、“出”是第二性有关。我们可以通过画图来分析，以“上山”为例。“上山”时，动作主体位移的起点（山脚）和终点（山顶）都是明确的，从省力角度来说，两点之间直线最短，“上山”具有单源性，如果有山路或台阶，在确定起点的前提下，上山的路线是固定的、已知的，因而“上山”强调的是“到山顶”，见图4－1。

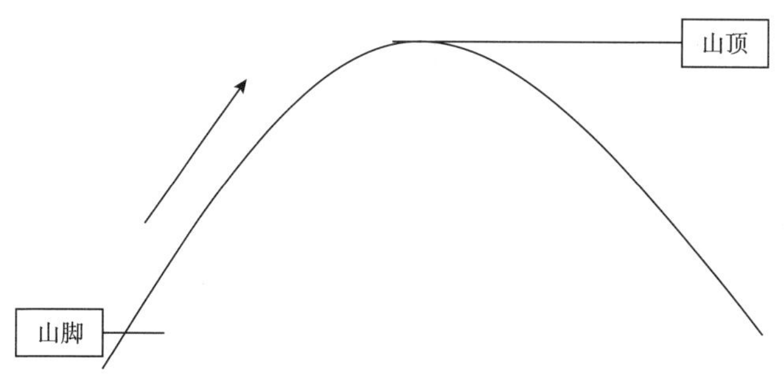

图4－1　“上山”的位移图式

对于“下山”而言，位移主体就有不同的选择，可以原路返回下山，也可以从另一边下山，只要下来就可以了。可以说“上山”强调的是到达目的地，而“下山”强调的是完成结果。相比而言，“下山”具有多源性，见图 4－2。

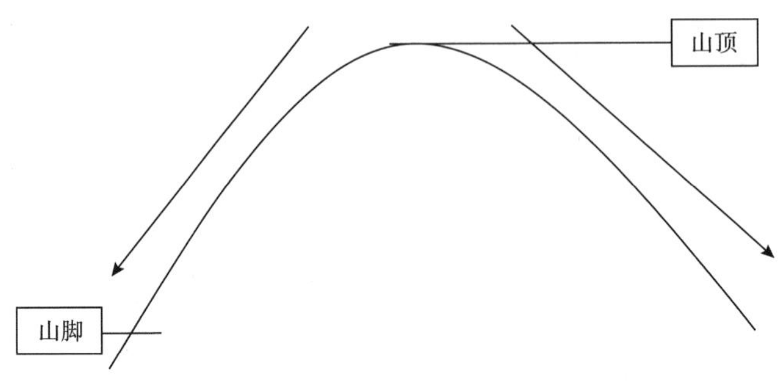

图 4－2　“下山”的位移图式

同理，“进/出”和“上/下”有相似之处。“进”表示位移主体从出发点位移至封闭空间里的某一点，位移的起点和终点是明确的，见图 4－3。

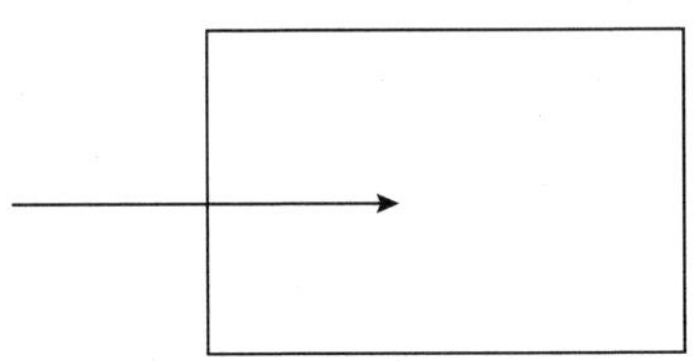

图 4－3　“进”的位移图式

对于“出”而言，只有起点固定，人们只在意这个结果，即“能出来”，至于怎么出去，从哪儿出去，关注度没有“结果”高。所以“出”相对于“进”具有多源性，见图 4－4。

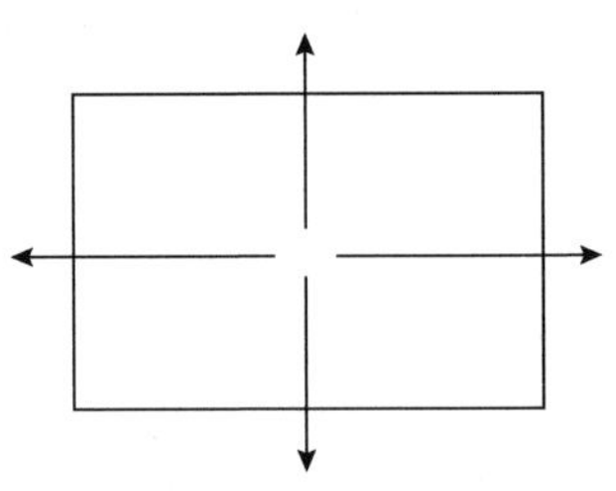

图 4－4　“出”的位移图式

而且从事件的时间顺序来看，“下”是以“上”为基础的，比如“上山”是“下山”的前提，“进监狱”是“出监狱”的前提。在人们的心理认知中，“上山”只有“山顶”是关注的焦点，而“下山”出发的地点“山顶”和到达的地点“山脚”都可以是关注的焦点。“进/出”与“上/下”的语义机制一致。所以“下”、“出”和地点宾语组配既可以凸显位移的起点，也可以凸显位移的终点。

第四节　小结

动宾结构是人类语言最基本的句法结构之一，述语动词和宾语成分之间的语义关系的分析、宾语成分的语义类型的确认，堪称汉语语法研究的一个传统难题（任鹰，2007：430）。作为表示基本空间位移关系的动词“上/下”在和宾语的组配过程中，语义更为丰富。但这些义项之间并不是毫无关联，而是彼此联系。

“上/下”的语义经历了由空间域向投射域、由具体向抽象的衍生发展历程。其中，“上/下”在纵轴上的位移，即由较低处向较高处位移和由较高处向较低处位移这一义项是其他义项衍生的基础，是原始义项。

围绕这一原始义项，动词“上”在空间域的语义演变过程可以描述为：由较低处向较高处的纵向位移→向目的地的横向位移→出现→接触→增添→使松变紧。而动词“下”在空间域的语义演变过程可以描述为：由较高处向较低处的纵向位移→向目的地的横向位移→离除→使紧变松甚至脱落。

本章还将“上/下”与宾语的组配和“进/出”与宾语的组配进行对比分析。指出“上”、“进”后接地点宾语只能凸显位移终点，而“下”、“出”后接地点宾语既可以凸显位移终点，也可以凸显位移起点。这与“上”、“进”是第一性，“下”、“出”是第二性有关，“下”、“出”是建立在“上”、“进”位移过程完成的基础上的。

动词“上/下”、“进/出”和名词组配时也会产生形式和语义上的空位，空位的形成除了受到空间极性词自身的语义限制外，还受到了所组配名词语义的制约。比如“上图书馆”没有对应的“＊下图书馆”、“下乡”没有对应的“＊上乡”，它们受到了宾语语义的制约，因为“图书馆”“公园”等地是位移的目的地，在心理上占据高点，成为焦点，与“上”由低到高的位移方向相一致，而“乡”“农村”等地会引起社会等级里较低等级的联想，因而与“下”由高到低的位移方向一致。

有些表达式虽然在形式上看起来一致，但各自语法化的进程并不一样。比如“上厕所”在“上＋地点宾语”系列中语法化程度较高，投射域中的“上＋X”（如“上班”、“上操”）也比“下＋X”语法化程度高。又比如语言系统中其实有两个“上馆子”，一个“上馆子”的“上”表示水平位移，即“到某一处所去”，另一个“上馆子”在心理域投射的结果下表示纵向位移，即往心理上的较高处位移，与“下馆子”对应。

此外，组配后的表达式还出现了语用层面的空位，比如“上班”和“下班”，这两个表达式在形式上对称，在语义上对立，但入句后使用条件并不一致。“上班”既可以和时间段连用也可以和时间点连用，而“下班”常只和时间点连用。“上班”比“下班”语法化程度更高。

制约这些空位出现最重要的原因仍然是语用这一因素，而语用又是受现实世界制约的。

第五章　方向义空间极性词的组配（简单趋向动词）

趋向动词（包括简单趋向动词和复合趋向动词）作补语的用法是外国学生学习汉语的难点之一，主要体现在两个方面，一个是宾语的位置，另一个是动趋结构的引申义用法。

动趋结构后可带两类宾语，一类是处所宾语，另一类是物体宾语。处所宾语的位置是留学生习得的难点。比如，留学生常会有这样的错句：

（1）我回来家了。

例（1）应改为“回家来”，处所宾语“家”应放在“来/去”之前。

趋向补语的引申义用法对留学生而言是另一大难点，他们会造出如下的错句：

（2）这个句子有错，请改起来。

（3）快把这个藏下去，别让他发现了。

例（2）应该是“改过来”，例（3）应该是“藏起来”。

在空间极性词作补语这个语法项目的习得上，外国学生所面临的困难远远超过了以汉语为母语者的想象。有研究指出，外国学生汉语趋向补语的使用量是严重不足的，不到汉语母语者使用频率的一半（肖奚强，周文华，2009：70）。此外，我们还发现很多汉语母语者不怎么使用的格式外国学生却使用较多，比如“动词＋地点宾语＋来/去”等格式，例如“他下了车就进火车站去/他回国来了”等。

若表达相同的语义，汉语母语者会说“他下了车就进了火车站”、“他回国了”或者“他回来了”。那么，这样的句子我们是算错还是算对呢？这是由于课文中所列出的语法规则不够细致所致，过分强调地点宾语要置于“来/去”前，让外国学生产生了“来/去”是表达中必要元素的错觉。

本书一直强调应用研究要有别于本体研究，很多语法描写适合以汉语为母语的学习者而并不适合外国学生，故本书单列两章分别探讨空间极性词作简单趋向动词和作复合趋向动词时和其他词语的组配情况。

这一章主要研究空间极性词“上”、“下”、“进”、“出”作简单趋向动词时的组配情况。空间极性词置于动词之后，作补语，补充说明动作位移的方向。动词和方向义极性词一起构成动趋结构。

第一节　空间域的组配

先看留学生几个错误的句子[①]（引自杨德峰，2003：20）：

（4）从清水寺舞台跳下。（初级）——跳下去

（5）然后等车走过，自己穿过马路。（中级）——开过去

（6）我们爬上长城一步一步慢慢爬上了。（高级）——爬上去。

从以上错句我们发现，空间域中“动词＋简单趋向补语”后面必须出现宾语，如果后面没有宾语，那前面肯定有介词“把”将宾语提前，如“快把大衣穿上”。如果宾语没有被介词提前，在动词后也没有出现，简单趋向补语要换成复合趋向补语，否则不能成句。居红也提出，“上、下、进、出、回”这几个趋向动词后边一般得带上处所词，如果不带处所宾语，则要在它们之后加“来”、“去”，使之成为复合趋向补语（居红，1992：281）。

一　“动词＋方向义极性词”与地点宾语的组配

1.“动词＋上/下”与地点宾语的组配

（1）趋向动词“上/下”在横向位移中的语义分析。

“上”作趋向动词与“上”作位移动词一样，既可以表示纵向的位

① 这几个错句是以英语为母语的学习者所造的句子。

移，如例（7），也可以表示横向的位移，如例（8）：

（7）送上车、飘上天空、跳下车、扔下楼

（8）跨上一步、挤上前、罚下场

"送上车"、"扔下楼"这类表示纵向位移的表达式很好理解，"上/下"表示动作位移的方向，表义单纯。但"跨上一步"、"罚下场"等表横向位移的情况则相对复杂。

《趋向补语通释》就认为"上"可以表示"通过动作使人或物趋近面前的目标"，"下"可以表示"退离面前的目标"（刘月华，1998：272）。例如：

（9）眼看老秃驴就要赶上……

（10）最后只能慢慢地退下场子。

杨德峰则认为上例的"上"与"锁上门"、"吃上饭"等的"上"一样，也表示"有了结果"（杨德峰，2009：26）。"下"不表示"退离面前的目标"，而是"下""由高处向低处移动"的隐喻用法，因为在人们的心目中比赛场地和观众席也存在"高""低"的区别，比赛场地是运动员专用的，其地位高于观众席，"上场"、"下场"、"场上"、"场下"等说法就是证明，因此运动员从比赛场地上下来就如同从高处到低处一样。杨文从认知的角度出发，把研究推进了一步，但对"上"、"下"的释义并不对等，为何"上"就表示"有了结果"，而"下"不能表示"有了结果"？

本书认为，要想真正弄清极性词的语义，必须把动词的语义分离出去。例（9）中趋向补语"上"只表示"接触义"，"趋近面前的目标"这个意义是由动词"赶"承担的，而与"上"无关。而例（10）中的"下"只表示"脱离"义，"退离面前的目标"是动词"退"承担的，与"下"无关。

因此，此类表示横向位移的趋向动词"上"的语义是"出现"义，"下"的语义是"脱离"义，这与动词"上/下"空间域的原型位移图式是一致的。

（2）“动词 + 下”与地点宾语组配在纵向位移时宾语起点指向和终点指向的讨论。

和动词“下”的情况一致，动趋结构后接地点宾语既可以表示动作位移的起点，如例（11），也可以表示动作位移的终点，如例（12）：

（11）跳下舞台、退下场子

（12）跳下水、跳下地

此类现象引起了很多学者的研究，研究的焦点放在“下”的语义分析或“下”的图式分析上（杉村博文，1983：102 - 116；张其昀，1995：37 - 43）。古川裕认为“动词 + 下 + 地点宾语”中地点宾语既可以凸显位移的终点也可以凸显位移的起点是“下”的双向性所导致的（古川裕，2002：49 - 58）。本书认为，“动词 + 下 + 地点宾语”的确既可以指向位移的起点，也可以指向位移的终点。但这种语义的双向性并不是由“下”造成的，而是受到了宾语语义的制约。比如：

（13）跳下舞台、跳下马背（指向位移的起点）

（14）跳下海、跳下水、推下火坑（指向位移的终点）

在例（13）中，地点宾语也可以和“上”组配，比如“跳上舞台”、“跳上马背”，但地点宾语指向位移的终点。但在例（14）中，地点宾语就不可以和“上”组配，“＊跳上海”、“＊跳上水”等都出现组配上形式的空位。

这说明如果“动词 + 下 + 地点宾语”要指向动作位移的终点，这一名词必须具有［ - 凸性］的语义特征。比如“海”、“水”、“火坑”都是一个凹形的存在物。这一凹形物可以接纳外在物进入它自身而不会引起它本质属性的变化。你跳下海了，海还是海，你跳下火坑了，火坑也还是个火坑，这些地点对于进入其自身的物体具有可容纳性。“地面”虽然不具有［ + 凹性］特征，但也不具有［ + 凸性］特征，因此，我们用［ - 凸性］来归纳此类地点宾语的语义特点。

但是如果“动词 + 下 + 地点宾语”要指向动作位移的起点，则处所宾语要具备［+凸性］语义特征，比如“舞台”、“马背”等。

我们先来看表 5-1。

表 5-1　“动词 + 下”与地点宾语的组配

A（起点指向）	B（终点指向）
跳下舞台	
跳下马背	
跳下桌子	
跳下电车	
	跳　下　地
	跳　下　海
	跳　下　水
	推下火坑
	沉下河底

表 5-1 中 A 类的宾语都具有［+凸性］语义特征，即与地平面有高度差，比如“舞台”、“马背”、“桌子”等。B 类都不具有此特征，即具有［-凸性］的语义特征，可以是一个平面，如“跳下地”中的“地”，也可以是一个“凹形物”，如“跳下海”中的“海”。其实，对于一个普通的非汉语言专业的中国人来说，他知道什么时候理解为位移的起点，什么时候理解为位移的终点。同样，外国学生理解起来也是没有问题的，因为在正确理解的过程中宾语的语义特点起了辨别作用。

因此，本书认为动作位移的起点和终点这种双向指向的意义并不是趋向动词“上/下”凸显的，而是宾语语义制约的结果。在“动词 + 下 + 地点宾语”结构中“下”就是表示由较高处到较低处的一个位移方向，其实表义非常单纯。如果进一步观察语料，还会发现“动词 + 下 + 地点宾语”的情况并不仅仅限于指向位移的起点或终点，比如：

（15）走下楼

（16）滚下山坡

很多研究都将这两例中的地点宾语分析为动作位移的起点。但是

“走下楼”的“楼”其实既可以看作位移的起点，也可以看作位移的终点，甚至可以看作位移的路径。如果是位移的起点，我们可以理解成“从楼上走下来”，如果是位移的终点，我们可以理解为“走到楼下去”。那么，我们不妨换一个角度来看待这个语言现象，“楼”既不凸显起点，也不凸显终点，而是表示位移的范围，即“从较高处走向较低处”是在“楼”这个范围内进行的。

而“滚下山坡”中的“山坡”理解为位移的起点或终点都不太合适，不如理解为位移的路径。为什么这里要接一个表示路径的宾语，估计与动词“滚”的语义特征有关，“滚”这个运动要求凸显过程。如果我们换一个动词“跳”，“跳”是一个瞬间完成的动作，而山坡又是一个斜面而不是平面，所以“？跳下山坡”这样的表达则有点奇怪。“跳下 X”更适合表现为“跳下舞台”凸显位移的起点，或者“跳下海”凸显位移的终点。

同是“动词 + 方向义极性词 + 地点宾语”结构，如果作英汉对比，会发现很有意思的现象。

汉语：

（17）他快步走上领奖台……（指向终点）

（18）一批批的日本战犯被送上了历史的断头台……（指向终点）

（19）我怕司机有别的企图，一急就跳下车了。（指向起点）

（20）他二话不说就跳下了水。（指向终点）

英语：

（21）Jim went up the ladder to mend the roof.（吉姆爬上梯子去修屋顶。）

（22）They walked up the stairs.（他们走上楼梯。）

（23）The child moved slowly down the ladder.（这孩子顺着梯子慢慢地下来。）

（24）The water poured down the stairs.（水顺着楼梯流下来。）

以上英语的例子说明，如果是“动词 + 上/下 + 地点宾语”结构，英语中的地点宾语要求被理解为位移的路径，而 up/down 指明动作位移的方向。比如：

The cat　　jumped　　up　　the ladder.

位移主体　　动作　　方向　　位移路径

如果要和汉语一样，指向位移的起点和终点，英语则用不一样的结构，比如：

（25）He scrambled up to the ledge.（他爬上那块突出的岩石。）

（26）I climbed up to the top of the hill.（我登上了山顶。）

（27）Hiked down from the peak.（从山峰上徒步向下走。）

（28）He jumped down from the window.（他从窗户上跳下来。）

在例（25）~（28）中，up/down 指明动作位移的方向，from/to 分别指明位移的起点和终点，形成“V + up/down + from/to + N”的结构。也就是说，同样的位移活动，如果要表示位移的起点或终点，英语中用介词 from/to 来标识，而汉语则没有。而且即便是英语中有表示位移起点和终点的句子，在汉语中还不一定能用“动词 + 上/下 + 地点宾语”结构直译。比如[①]：

（29）He shifted the luggage up to his flat.（他把行李搬到楼上的寓所。）

＊把行李搬上寓所。

（30）He called up from downstairs.（他在楼下向上喊叫。）

＊他喊上楼上。

（31）He climbed down to a lower branch on the tree.（他爬到一个较低的树枝上。）

＊他爬下一个较低的树枝。

（32）He run down from his bedroom.（他从卧室跑下来。）

＊他跑下卧室。

① 例句（29）~（31）中部分例句引自居红（1992）。

通过汉英对比，是为了说明“动词+上/下+地点宾语”表示纵向位移时，极性词“上/下”只表示位移的方向，表义单纯，并没有那么复杂，关于地点宾语是指向位移的起点，还是指向位移的终点，受到了宾语语义特征的限制。

2. “动词+进/出”和地点宾语的组配

“动词+进/出+地点宾语”分别表示“由空间外移至空间内的某一点”和“由空间内的某一点移至空间外”。

“动词+进+地点宾语”总是指向位移的终点。例如：

(33) 老师走进了教室。(终点)

(34) 他跳进窗来。(终点)

(35) 他推开门走进房间。(终点)

“动词+出+地点宾语”则既可以指向位移的终点也可以指向位移的起点。例如：

(36) 老师走出了教室。(起点)

(37) 她眼睛一红，转身就跑出了房间。(起点)

(38) 那头猪跑出门外不到两分钟就撞到了一棵树上。(终点)

(39) 看谁先跳出窗外？(终点)

“动词+出+地点宾语”是指向终点还是指向起点，也是受到宾语语义的制约，与前文对“动词+下+地点宾语”的分析一致。“下”、“出”仅表示动作位移的方向。如果地点宾语具有[+容器性]、[+封闭性]的语义特征，那么“动词+出+地点宾语”中地点宾语指向动作位移的起点，如“走出教室”、“出国”、“跑出房间”、“奔出幼儿园”等。如果宾语不具有[+容器性]、[+封闭性]的语义特征，而表示开放性的场所，则地点宾语指向动作位移的终点，如“跑出门外”、“跳出窗外”等。

与汉语“动词+进/出+地点宾语”结构相对应的是，英语用“V+into/out of+N”结构来表示，如：

（40）He dropped into the garden.（他顺便走进了花园。）（指向终点）

（41）Please put it into the basket.（请把它投入筐中。）（指向终点）

（42）I observed them run out of the house.（我看见他们从房子里跑出来。）（指向起点）

（43）They winched the car out of the ditch.（他们用绞车把汽车从沟里吊出来。）（指向起点）

从例（40）~（43）发现，英语里“V + out of + N”中的 N 只指向位移的起点，如果语言具有共性，那么汉语“动词 + 出 + 地点宾语”结构中地点宾语也应该是指向位移的起点，刚好与“动词 + 进 + 地点宾语”中的地点宾语指向位移的终点相对应。

但“动词 + 出 + 地点宾语”指向位移终点的语言现象又该如何解释呢？通过分析，本书发现被研究者解释为“起点”或“终点”的地点宾语都附有方位后置词，比如：

（44）大个子一把将他推出队外，恶狠狠地对他说……

（45）他追出门外，对着匆匆上路的她的后背说……

以上两例引自居红（1992），她认为“队”是位移的起点，而“门”是位移的终点。本书认为“队外”和“门外”应该作为一个整体来分析，“门外”、“队外”都表示位移的终点。其中“门”、“队”只充当界限的作用。因此“动词 + 出 + 地点宾语”之所以能指向位移的终点是由方位后置词“外”的语义贡献的，而与“出”没有关系。

那么“走出教室”和“走出门外”在形式上看似一致，但充当地点宾语的语言单位并不在同一层级，前者是一个单一的处所词，具有［ + 封闭性］的语义特征，而后者是在一个处所词后附加了一个方位后置词共同组合而成的复合词，致使后者的地点宾语具有了［ - 封闭性］的语义特征。

最后，我们把“动词 + 上/下 + 地点宾语”和“动词 + 进/出 + 地点宾语”放在一起分析，可以得出，“动词 + 上/进 + 地点宾语”都只指向位移的终点，而“动词 + 下/出 + 地点宾语”既可以指向位移的起点也可以指向位移的终点，指向位移的终点是受与其组配的地点宾语的语义特征制约的结果。其中，方向义极性词只表示单纯的位移方向。例如：

（46）跳上舞台/推上审判台（宾语只指向位移的终点）

（47）扔进废纸篓/走进花园（宾语只指向位移的终点）

（48）跳下车/跳下水（宾语既可以指向位移的起点，也可以指向位移的终点）

（49）走出教室/走出门外（宾语既可以指向位移的起点，也可以指向位移的终点）

二　“动词 + 方向义极性词”与物体宾语的组配

杉村博文指出，“放下笔”和“摘下老花眼镜”这两句中的“下”不是一码事，“放下”和“拿起”构成反义关系，而“摘下”和“戴上”构成反义关系，他认为“摘下”的“下”除了表示位移之外，还表示“脱离”义（杉村博文，1983：102）。但是，“脱离”义是动词“摘”贡献的，而不是极性词“下”体现的。因而本书认为这两个“下”是一致的，都是表示动作由较高处向较低处移动的方向。

因此，解释“动词 + 方向义极性词 + 物体宾语”组配中出现的空位必须同时考虑这三个组配元素各自的语义情况。前人绝大部分的研究只专注于对极性词的语义进行研究并区分出语义小类，却忽略了动词和宾语的语义对整个组配表达式的语义贡献。

1. “动词 + 上/下 + 物体宾语”的组配

此类中，让外国学生感到困惑的倒不是空位现象，而是一组语义对立的极性词语和同一语言单位组配为何能表示同一个事件，比如“写上名字”和“写下名字”，“上”和“下”是一组语义对立的极性词组，但和同一语言单位“名字”组配后为何意义相同？那么我们要研究的是这两组构式是否完全等值，两者能否互换？两者的位移图式是否相同？如果不可互换，制约两者出现的条件是什么？

为了解释这类问题，我们先来看一些词语的组配情况，见表5-2。

表5-2　“动词+上/下”与物体宾语的组配

		X	Y
		V+上+宾语	V+下+宾语
A	A1	穿上衣服	×
		挂上画儿	×
		贴上邮票	×
	A2	×	脱下衣服
		×	摘/取下画儿
		×	撕下信封上的邮票
	A3	换上衣服	换下衣服
B		写上名字	写下名字
		撒上种子	撒下种子

资料来源：参考了任鹰、于康（2007）文中的部分例子。

A类中“上/下”表示位移的方向，如果动词只能表示单向的位移，则会出现形式上的空位。比如“穿”、“挂”的客体宾语在外力驱动下只能由下至上位移，而“脱”、“摘”的客体宾语在外力作用下就只能由上至下（通常情况）。因而A1中Y列出现形式上的空位，而A2中X列出现形式上的空位。出现空位的原因是受到了动词语义方向性的制约。如果动词可以表示双向位移，既可以“由下至上”，也可以“由上至下”，如“换”，则XY两列在形式上对称，在语义上对立，如A3。

A类对外国学生来说较易习得，B类则让外国学生感到困扰。“V+上+物体宾语”和“V+下+物体宾语”为何可以表示同一个位移事件？比如：

（50）请大家在本子上写上名字。

（51）请大家在本子上写下名字。

B类X列和Y列，从形式上看是“上”与“下”的对立。Y列中“写下名字”、“撒下种子”中“下”仅表示动作位移的方向，是“下”最基本的义项。而X列中“上”的语义则较虚，表示的是“出现”义或“添加”义。通过检索发现，有些情况“上”和“下”是不能互换的，比如：

(52)《共同纲领》为什么没有写上“社会主义”？

(53) 转向车道标志应写上“转弯道”字样。

这两例的“上”就不宜换为“下”。这是因为“写+上+宾语”（如“写上名字”）这一类，我们需要一个视觉可见的结果，即我们要了解到新信息，这个新信息就负载在“纸张”或其他平面上，我们需要这一平面上多出某些东西成为新信息，所以“写上”中“上”的位移方向义被消减，而物体宾语“名字”在“纸张”上的“出现”则被凸显。

“上”发生语义衍变最主要的原因是受到了组配词语语义特点的制约，所有组配元素的语义在构成一个语义整体时，彼此之间是语义吸引的关系，经历的是语义融合的过程。其中，最上层的制约因素还是语用。

因此，在表5-2中，虽然B类X列和Y列的表达式看起来结构一致，但实际上处于不同的语义发展阶段，Y列（“写下名字”、“撒下种子”等）中“下”的方向义较实，而X列（“写上名字”、“撒上种子”等）中“上”的方向义较虚，而衍生出“出现”义。这两列并不能任意互换。

2.“动词+进/出”和“物体宾语”的组配情况

“进/出”组没有“上/下”组复杂，当“进/出”用在动词后，仅表示动作位移的方向。不管位移路径是物理世界的还是投射域的，“进”都表示由外向里的方向，而“出”表示由里向外的方向。例如：

听不进父母的话/看不进书/买进200只股票/桌子中间凹进一块

卖出了十件衣服/生出个大胖小子/伸出手/吐出烟圈/露出虎牙

第二节 投射域的组配

关于“上”“下”的引申义，目前还没有很一致的看法。《现代汉语》（修订本）中“上”“下”引申义大致如下：

上：①表示有了结果或达到目的；②表示有空间，能容纳。

下：①表示开始并继续；②表示动作的完成或结果。

刘月华等的《趋向补语通释》也对“上”、“下”的引申义做了总结，大致情况如下。

上：①表示通过动作使人或物趋近面前的目标；②表示接触、附着以至固定；③表示实现预期的目的；④表示成功地完成；⑤表示进入新的状态；⑥表示动作状态的持续。

下：①表示退离面前的目标；②表示部分；③物体从整体脱离；④表示凹陷；⑤表示容纳；⑥表示由动态进入静态；⑦表示达到一定的数目。

杨德峰认为“上”“下”的引申义分别如下。

上：①表示接触、附着以至固定；②表示有了结果或达到目的；③表示开始并继续。

下：①表示部分物体从整体脱离；②表示动作的完成或结果。（杨德峰，2009：23）

可以说，在本体研究这一块，“上/下”的投射义到底有多少种还未达成共识，这无疑增加了将本体研究成果应用到对外汉语教学实践中的困难。在研究之前，我们首先还是要厘清组配结构中其他语言单位语义对极性词语义的干扰。比如，《趋向补语通释》（1998）认为“下”有“凹陷”义，如“地面陷下两个坑。/房顶塌下一大块”。但这个“凹陷”义不是“下”而是动词“陷”和“塌”的，“下”只是标引向下的方向。

《趋向补语通释》还认为“下”可以表示容纳。例如“这间教室可以坐下一百人。/小包只能装下一本书”。其实以上两句去掉“下”，意思基本不变。所以“容纳”义是这个句子结构所赋予的意义，而不是“下”。只有排除掉其他组配项语义的干扰后，才能清楚地揭示“上/下”在投射域的语义情况。

一　“动词＋上/下”与宾语的组配

在投射域，“动词＋上＋宾语”和“动词＋下＋宾语”都可以表示“完成”义，本节根据动词和宾语不同的语义小类进行分别分析。

（1）当宾语为需要接触或合拢[①]的实体时，只与“上”组配，见表5－3。

表5－3 “接触”义动词和“上”的组配

动词＋上＋宾语	动词＋下＋宾语
闭上眼睛	×
关上房门	×
拉上窗帘	×

表5－3中右列出现形式上的空位。“上”不是和“下”而是和“开”构成对立的语义关系，“上”的语义很抽象，其方向义已消失，似乎体现为一种时体义，即表达动作的完成和结束。

（2）整个结构表示“达成某一目的”，除“取得”义动词外[②]，其他动词只与“上”组配，与“下”的组配出现空位，见表5－4。

表5－4 “动词＋上＋宾语”表示“达成某一目的”

动词＋上＋宾语	动词＋下＋宾语
买上票	买下票
住上新房子	×
爱上她	×
考上北京大学	×
评上先进	×
住上十天半月	×

这一类的宾语可以是人物宾语，也可以是时间宾语，“动词＋上＋宾语”表示目的的达成。

（3）当动词为“确定”义动词时，只与“下”组配，见表5－5。

表5－5 “确定”义动词与“下”的组配

动词＋上＋宾语	动词＋下＋宾语
×	订下车票
×	定下妙计

① 用“合拢”，是因为与这几个短语相对立的表达是“睁开眼睛”、“打开门”、“拉开窗帘”，这里“上”和“开”形成对立关系。

② “买下票”详见本章第二节的分析。

汉语里，习惯将确定的、已知的事情认知为“下”，将不确定的、未知的事情认知为“上”，比如“悬念”、“悬乎”、“悬而未决”等。

（4）当动词表“添加”义时和“上”组配，当动词表“脱离”义时和“下”组配，见表5－6。

表5－6　“添加”义动词和“脱离”义动词与“上/下”的组配

动词＋上＋宾语	动词＋下＋宾语
缝上扣子	×
贴上邮票	×
钉上插销	×
穿上衣服	×
×	扯下扣子
×	撕下邮票
×	撬下插销
×	脱下衣服

由于受到动词语义的制约，所以不同语义类的动词分别和“上”“下”组配，“上/下”都表示完成义。

很多学者在“下”的“脱离”义中还分出了一个小类，即“遗弃”类，如杉村博文（1983）。他认为“遗弃”类中常见的动词有“撇、落（là）、闪”等，但是，“遗弃”义是动词所体现的语义，这里的“下”还是应分析为“完成”义。

（5）“动词＋上”表示由静态转变成动态，“动词＋下”表示由动态变成静态，见表5－7。

表5－7　“动词＋上/下”表示动静态的转换

动词＋上	动词＋下
忙　上　了	×
哆嗦上了	×
×	停下了

表5－7中，“忙上了”表示从不忙的状态到忙的状态，“哆嗦上了”表示从不哆嗦到哆嗦，都可以被看作是从静态向动态的转化。而“停下”

则是由动态转化为静态。

二 “动词+上+宾语”和“动词+下+宾语”的对比分析

“动词+上+宾语”和“动词+下+宾语”除“上”、“下”表示对立关系外，其他组配元素都相同，从理论上说，组配后的结构也应该表示一种对立的语义关系。但实际情况比较复杂，见表5-8。

表5-8 “动词+上+宾语”和“动词+下+宾语”的对比分析

	动词+上+宾语	动词+下+宾语
A	买上房子 娶上媳妇 收上钱	买下房子 ？娶下媳妇 收下钱
B	结上仇 惹上祸 闯上祸	结下仇 惹下祸 闯下祸

本书认为，左列“动词+上+宾语”表达“实现”义，右列“动词+下+宾语”表达“占有”义。在表5-8中，“动词+上+宾语”表示“实现”某一目标。A类是主动实现，即通过自己的努力来实现，B类是被动实现，即由某种行为造成的。比如：

（54）时间过得真快，俺农民舅舅也买上小汽车了。

（55）白领何时能够买上属于自己的房子？

（56）一月八号的票最早什么时候能买上？

（57）哎，这辈子和交警结上仇了。

（58）他时不时会因为调皮捣蛋而闯上一些祸。

例（54）~（56）强调“实现的困难”，包括钱少造成的困难和机会少造成的困难。例（57）~（58）是因为某些行为而造成了不好的结果，这个结果是主观意愿不希望发生的。

“动词+下+宾语”则表示对宾语的一种“占有”，A类是主动占有，而B类是被动占有。例如：

（59）中国富豪买下世界上四分之一的奢侈品。

（60）你买下员工的24小时了吗？

（61）老人买下经适房后喜极而泣。

所以例（56）中的问题是有疑而问，例（60）中的问题是无疑而问，是反问。不难看出，“V上”表示目标的实现，“V下”表示对某事或某物的占有。当然，即便是表达比较抽象的语义时，动词“上/下”原型义中与移动方向有关的语义要素还起着非常重要的作用，从而决定“V上”和“V下”不可能成为真正意义的同一形式。

为什么“实现”义要用“上”来组配，而“占有”义要用“下”来组配，还是得从人们的心理认知上找原因。人们常把心理上追求的目标和空间域的高处或上方相对应，把对目标的追求看作由低处向高处的移动（如“更上一层楼”，“踩着别人往上爬”），这种在隐喻作用下产生的对应关系，使得“上”很容易从空间域由低至高的移动方向转化为心理域中目标的达成，即在表达完成义时，还附有“通过努力实现某一目标”这样一层含义。当然，这与现实世界中“上山”比“下山”要多付出努力是有渊源关系的，一切语义义项的产生应该都是可解释的。

相反，人们常把占有、支配的对象和空间域的低处或下方相对应，把对某一事物的占有、支配看作和低处相关的活动（如“攻下”、“拿下”、“下人”、“居高临下”），这种在隐喻作用下产生的对应关系，使得“下”很容易从空间域由高至低的移动方向转化为对某物的占有。这也可从最基本的动作义溯源，比如“拿下”这一动作，受人体器官构造的限制，人用手去抓东西，被抓的东西肯定是处于手的下方，而不是上方①。

由于“动词+上+宾语”和“动词+下+宾语”的语义内涵有所不同，因此在具体的语境中，两者通常是不能互相替换的。例如：

（62）a. 时间过得真快，俺农民舅舅也买上小汽车了。

b. 一月八号的票最早什么时候能买上？

（63）a. 中国富豪买下世界上四分之一的奢侈品。

① 在这个义项的基础上引申出“拿下”、“攻下”等词语的抽象义。

b. 你买下员工的 24 小时了吗?

(64) a. 目前，在我国城乡大多数卫生检疫站里，把检疫当成副业，能收上钱的地方，抓得紧一些，收不上钱的地方，检疫就可有可无。

b. 那你就这样，收上钱全交给我，没有收上来接着收。

c. 两个人拉拉扯扯了半天，最后我只得收下了那 5 块钱。

d. 他拗不过老大娘，只好勉强收下了礼物。

例（62）~（64）中的例子都不能换成与之相反的表达式。

孤立地看，表示“取得义”的动词既可以和“上”组配，也可以和“下”组配，可以表示大致相同的客观场景。然而，就其本质而言，“V上”和“V 下”的语义内涵和语用价值的对立仍然存在。按照认知语言学的观点，语义是客观现实和主观认识的统一，语言形式的选用直接受制于主观意象，而不是客观场景。同一个客观场景可以有多个观察角度，可以表现为不同的语言形式。在“动词 + 上 + 宾语”中，说话人将取得的对象当成追求的目标看待，在“动词 + 下 + 宾语”中是将取得的对象当成占有物看待的。说话时的认知视角和表达意图不同，必然使得语言表达式有着不同的意义和功能。

第三节　小结

本章以方向义极性词“上/下”、“进/出”作补语为考察对象，分析了极性词在空间域和投射域与动词、宾语组配的情况。本章得出的结论如下。

（1）空间域中“动词 + 简单趋向补语”后面必须出现宾语，如果没有宾语，简单趋向补语要换成复合趋向补语，否则不能成句。

（2）要探究方向义极性词“上/下”、“进/出”的具体语义情况，必须厘清动词语义、句式语义的干扰。比如“赶上前面的车”中，“趋近面前的目标”这个意义是由动词“赶”承担的，而与“上”无关。比如“教室可以坐下一百人”、“书包能装下十本书”等，“下”并不表示“容纳”义，“容纳”义是整个句式提供的。

（3）动词、极性词、宾语三者的语义在组配过程中是互相激活的互动关系。极性词在组配中是否会产生空位既受到动词语义的制约，又受到宾语语义的制约。比如在“动词+下/出+地点宾语”结构中是指向位移起点还是终点，与方向义极性词无关，而是受到宾语语义特征的制约。又如“滚下山坡”很自然，而“？跳下山坡”的可接受度并不高，与动词是历程动词还是瞬间动词有关。

（4）“V+上+宾语”和“V+下+宾语”虽然可以表示同一客观场景，但并不是两个完全等值的语言单位，“上”与“下”其实处于语义发展的不同阶段，一个相对较实，一个相对较虚。之所以会产生这样的句法结构是语言视点制约的结果。比如“写上名字”中“上”的方向义较虚，而“写下名字”中“下”的方向义较实。

（5）方向义极性词在投射域的组配研究表明，“上/下”语义的提取很容易受到组配单元语义和组配结构语义的干扰，组配后表达式多种语义的呈现是动词和宾语分属不同语义小类造成的。在对外汉语教学中，对于简单趋向动词投射域的义项建议不要单独呈现，而应展现整个构式，使之作为一个整体让学生去理解和学习。

第六章　方向义空间极性词的组配（复合趋向动词）

本章以“上、下、进、出”与“来、去”组合而成的复合趋向动词为主要研究对象，兼论“回来/去、过来/去、起来/去”，共13个复合趋向动词，见表6－1。

表6－1　13个复合趋向动词

上来	下来	进来	出来	回来	过来	起来
上去	下去	进去	出去	回去	过去	起去*

*“起去”在普通话中是空位形式，但在不少方言中都存在。

和简单趋向补语的习得情况一样，外国学生在习得复合趋向补语时也有两个难点。

一是宾语的位置。比如物体宾语的位置一般有四种情况：①动词＋复合趋向动词＋宾语，如“拿上来一封信”；②动词＋宾语＋复合趋向动词，如“拿一封信上来”；③动词＋趋$_1$＋宾语＋趋2，如“拿上一封信来”；④用介词“把”将宾语提前，如“把（这封）信拿上来”。外国学生困惑的是：是否任意宾语都可以进入这四种格式？这四种格式的语义是否相同？

二是“动词＋复合趋向动词”投射义的使用情况。投射域中，动词和复合趋向动词往往形成了一个语义结合体作为一个整体使用，比如“看起来”、“看上去”等。这些具体表达式的语义语用情况是留学生习得的难点。

在以往的研究中，以单一的趋向补语的意义和用法为研究对象的较多，逐一单个的研究固然会使研究进一步深入，但会缺失研究的系统性，忽视各义项之间的联系。在义项的处理问题上，义项划分过细在教学中没有很强的可操作性，但如果将趋向补语的意义概括为趋向义、结果义和状态义又太过于笼统，同样在教学中也不具有可操作性。本章力图将符合趋向动词的语义语用情况做一个全景式的描写和梳理，以期指导汉语实践教学。

复合趋向动词主要的语法功能是作补语，但也可单独充当句子的谓语，比如：

（1）下面的兄弟快上来！

（2）他刚刚进去。

（3）我没看见他出来。

（4）我不想回去。

这一类的情况很简单，留学生在习得过程中也没有问题，所以在全书中没有单独列出进行分析。

对外汉语教材的编写，均是以国家对外汉语教学领导小组办公室编写的《高等学校外国留学生汉语言专业教学大纲》（1996）（以下简称《大纲》）为指导，《大纲》中对复合趋向补语语法项目的安排如下。

1. 一年级

（1）复合趋向动词的趋向意义。

①要学习复合趋向动词做补语的肯定式（如“跑回来”）、否定式（如“没站起来”）和正反疑问式（如“送回来了没有?”）的用法。复合趋向补语由这些复合趋向动词充当：“上来/上去”、“下来/下去”、“进来/进去”、“出来/出去”、“回来/回去”、“过来/过去”、“起来”以及“到＋处所宾语＋来/去”。

②强调了宾语的位置。《大纲》指出，一般事物宾语，在“来/去”前，用于已然和未然，如“买回一个照相机来”。一般事物宾语，在“来/去”后，用于已然，如“买回来一个照相机”。一般事物宾语，在“来/去”前，用于祈使句，如“请拿出书来”。处所宾语，在“来/去”前，用于已然和未然，如“走进教室去”。

（2）复合趋向动词的引申意义。

①“起来”的引申义

表示从分散到集中的动作取得结果，如“团结起来力量大”；表示开始并继续下去，如“外边下起雨来了”；表示回到记忆中来，如“我想起来了，他是我小学时的同学”。

②“出来”的引申义

表示辨认、识别，如“在他的练习里，我看出来两个错字。”

2. 二年级

复合趋向动词空间义的用法在一年级全部学完，二年级继续学习复合趋向动词非空间义的用法。《大纲》列出的复合趋向补语的引申意义如下：

①“起来”

表示说话人对事物进行估量或评价，如“看起来，整顿公司阻力相当大。”

②“下去”

表示动作或状态的继续（从现在到将来），如“这孩子的个子太高了，再长下去可不得了。”

③“下来”

其一，表示动作或状态的继续（从过去到现在），如“这是古代流传下来的一个神话故事。”其二，表示固定，如“请把你的姓名和地址写下来。”其三，表示某种状态出现并继续发展，往往表示由强到弱或由动到静的变化，如“回到家后，他的情绪渐渐平静下来。”

④“出来”

其一，表示事物或结果的出现或产生，如“他想出来一个好办法。”其二，用在某些形容词后，表示超过，如“大雨过后，这里的水位比平时高出来很多。”

⑤“过来”

其一，表示回到原来的正常的状态，如“昏迷了半个小时，他才醒过来。”其二，表示对数量、范围大的事情能否有能力完成（用可能补语的形式），如“这么多生词复习不过来。”

以上是《大纲》对一年级和二年级的留学生而言所应掌握的复合趋向动词空间义和非空间义的项目点。本书接下来以杨寄洲主编的《汉语教程》（2008）为例，分析一下《大纲》中的项目点在教材中是如何体现的。此套教材对趋向补语的语法点做了如下安排。

1. 复合趋向动词的趋向意义［一年级第二册（下）第46课］

（1）“动词＋复合趋向动词”带宾语的情况（1）

如果宾语为处所宾语，则宾语在“来/去”之前，如“这封信我给你投进邮筒里去吧。”如果宾语为一般事物，宾语可在“来/去”的前面或后面，如“爸爸给我带回来一件礼物。/爸爸给我带回一件礼物来。”

（2）“动词＋复合趋向动词”与“了”的组配情况

不带宾语时，“了”可以放在动词后、趋向补语前，也可以放在句末。如“刚一下课，同学们就都跑了出去。/刚一下课，同学们就都跑出去了。”

带宾语时，宾语为处所名词时，“了”应该放在句末，如“他们都爬上山去了。”宾语为事物时，“了”应放在复合趋向补语之后、宾语之前，如“爸爸给妈妈买回来了一条项链。”

2. 复合趋向动词的引申意义

（1）动词＋起来

表示开始并继续，恢复记忆。有“笑起来、下起来、打起来、跑起来、开展起来”等，如“她说得大家都笑起来了”［一年级第二册（下）第57课］。

（2）动词＋出来

表示从无到有，从隐蔽到显露。有“听出来、看出来、喝出来、洗出来、画出来、写出来”等，如“我看出来了，这是王老师写的字”［一年级第二册（下）第57课］。

（3）动词＋下去

表示正在进行或继续。有“学下去、说下去、读下去、做下去、干下去、住下去”等，如“明年，我还想继续在这儿学下去”［一年级第二册（下）第57课］。

（4）动词 + 下来

表示动作使事物固定或动作（状态）从过去继续到现在。有“记下来、写下来、照下来、画下来、拍下来、坚持下来”等，如“应该把这儿的风景照下来”[一年级第二册（下）第 57 课]。

（5）看 + 起来

表示对某种情况的估计，如“天阴得很厉害，看起来要下雨”[一年级第三册（上）第 62 课]。

（6）动词 + 起来

“起来”作一些动词的补语，表示聚拢、合拢，有“包起来、存起来、收起来”，如“请把这些东西包起来”[一年级第三册（上）第 71 课]。

（7）动词 + 下来

表示动作完成，动作使某物固定在一定的地方和位置，有“定下来、停下来、拍摄下来”等，如“看到我招手，他把车停下来了”[一年级第三册（上）第 76 课]。

（8）动词 + 起来

“动词 + 起来”作插入语或在句子的前面，表示说话人着眼于事物的某一方面，有估计的意思，有“说起来、看起来、听起来、做起来、写起来、骑起来、算起来、走起来”等，如“这件事说起来容易，做起来难”[一年级第三册（上）第 76 课]。

（9）形容词 + 下去

表示某种状态已经存在并将继续发展，强调继续发展，形容词一般是消极意义的，有“冷下去、瘦下去、坏下去”等，如“天气要是这么冷下去，我可受不了”[一年级第三册（下）第 89 课]。

（10）看 + 上去

“看上去”表示从观察表面、外表等得出判断和结论。如“那个人看上去有三十岁”[一年级第三册（下）第 91 课]。

（11）动词 + 过来

表示通过动作回到了原来的、正常的或较好的状态。有“醒过来、明白过来、改过来”，如“我给他讲了半天，他才明白过来”[一年级第三册（下）第 97 课]。

（12）比 + 起来

“比起来”表示跟……比较、跟……相比，如“比起他来，我的汉语水平差远了”[一年级第三册（下）第 100 课]。

从以上语法点的排列，我们可以看出：①复合趋向补语的用法在初级阶段已基本介绍完毕。②《汉语教材》对复合趋向补语的处理分为两大块，一个是空间趋向意义，另一个是非空间的投射意义，而且这两者的教学顺序不可逆。③在空间趋向意义的处理上，特别强调了复合趋向动词和不同的宾语类型组配时宾语的位置，以及和时态助词“了”组配时“了”的位置。④对“动词 + 复合趋向动词”的非空间投射义的概括非常精简，有些频率较高的搭配是以个案呈现的，比如“看起来”、“看上去”、“比起来”。⑤九个复合趋向动词的投射义中，对“动词 + 起来”的展示比例最大，12 项中占了 5 项。

比较《大纲》和《汉语教程》的内容安排，可以说教材的编写基本符合《大纲》要求，但也有一些不同：①《汉语教程》并没有将《大纲》列出的趋向补语的意义完全呈现出来，有些义项做了拆分，有些义项做了合并，解释也比较简洁。比如“出来”表示超过，“过来”表示对数量、范围大的事情能否有能力完成，“起来”表示从分散到集中的动作取得的结果，“下来”表示某种状态出现并继续发展，往往表示由强到弱或由动到静的变化。这些用法虽然没有介绍，但在练习及 HSK 辅导材料中都有出现，学生不知道该怎么处理。另外，“形容词 + 趋向补语”这一部分的处理比较薄弱。②可能是出于教学上的可操作性，对宾语位置的解释趋于形式化，比如地点宾语和事物宾语的位置，认为“动词 + 复合趋向补语”带宾语时，宾语为处所宾语时在“来/去”之前，宾语为一般事物时可在“来/去”的前面或后面。外国学生根据这一规则类推，其类推形式往往不合语法或者不符合汉语的表达习惯。如“？他走出教室去了”这一场景中国人往往习惯用“他走出去了”或者“他走出教室了”这两种形式，而非强制性地把处所宾语至于“来/去”之前。因此本章将大纲中列出的 13 个复合趋向动词进行一个全面系统的语义梳理。

第一节 空间域的组配

一 “动词+复合趋向动词”

第一，在动趋结构中，动词主要表示位移的动作和方式，而复合趋向动词则表示位移的方向。例如：

(5) 快点跑上来。

(6) 你跳下去。

(7) 我们走过去吧。

在以上例子中，动词“跑”、“跳”、“走”是位移的具体方式，“上来”、“下去”、“过去”指示位移方向。其中，复合趋向动词是句子的表义核心（姚占龙，2006）。因为去掉句中动词，句子仍然成立且表义没有变化，而去掉复合趋向动词后则不成句，句子的意义也不完整。

此类是最基本的位移图式，能进入此类的动词还包括“爬、飞、游、飘……”移动类动词，趋向动词的空间方向义非常明晰、具体，既有纵向位移（比如“上/下来”、“上/下去”），也有横向位移（比如“进/出来”、“进/出去”、“过来/去”）。对外国学生而言，此类动趋结构是最简单、最好掌握的一类。

此外，动趋结构还可以表示位移主体向关注焦点的位移，即“上来/去”表示在横轴上的位移方向，例如：

(8) 看见领导来了，大家纷纷迎上去。

(9) 看见小偷谁会冲上去制止？

(10) 宝宝每次看见妈妈开电脑就会凑上来。

从客观世界来观察，这一类的位移主体和客体是在横轴上发生位移，这与第四章对动词“上”的分析是一致的，因为“饭桌”、“小偷”、“电脑”等都是关注的中心，处于关注范围内的焦点，在心理上占据较高的位置。这一类中动词和复合趋向动词都不能省略，省略一方句子都无法成立。这也从形式上证明“上来/去”指向水平方向的语义比指向垂直方向的语义虚化。

第二，以“坐进来”、“坐上来”为例来看语义编码过程的不一致现象。

杉村博文提到过这样一种有趣的现象，先看两个例子：

（11）扔进来①

（12）坐进来

虽然都是“动词+进来”，但杉村博文认为这两者只是表层结构相似。“扔进来”是按照“时间顺序原则”进行编码，先有“扔”这个使因事件，然后再有“进来”这个结果事件。而“坐进来”是先有“进来”然后才有“坐”，所以把它编码成“坐进来”违背了时间顺序原则。如果是这样，外国学生在理解上就会产生困扰，直接导致在语言输出上避免使用。

先来看两个姿势动词与“进来”组配的例子：

（13）坐进来

（14）走进来

“走”和“坐”都是表示身体动作的动词，“走”表示水平方向的运动，“坐”是表示垂直方向的运动。“走进来”的运动图式是由外向内，先“走”然后才能“进来”，“进来”是“走”的结果。“走进来”是符合时间顺序的编码原则的。

那么“坐进来”呢？当位移主体在车外的时候，他心理上先要有“坐”的准备，比如屈膝、弯腰等，这正是“坐”这个动作中的先行环节，所以“坐进来”也是符合时间顺序原则的，和“扔进来”一样。因此“动词+进来”这一系统中是没有语义空位的，都遵循先动作后结果的原则。例如：

① 这是杉村博文2007年在上海复旦大学举办的语言学讲习班上所提到的例子。

(15) 江主席风趣地说，对我这样身材的人来说，车内空间显得小了一点，但我都可以坐进来，其他人就没有什么问题了。(CCL)

(16) 身材宽大的副市长一坐进来，就把车体空间挤满了。(CCL)

(17) 他拉开车门坐了进来。

再来看“坐上来”的情况。

“坐进来”和“坐上来”结构完全一致，但动作顺序却不一样。“坐进来”是先有“坐”的准备动作才有“进来”这个结果；“坐上来”只能是先“上来”然后“坐”。

“坐上来”有两种语用情况，第一种如例（18），由于关注的焦点受到凸显，由纵向位移投射到水平位移，比如开会时领导常说“大家坐上来”就是这种情况。第二种如例（19），是单纯的由较低处向较高处位移，比如，爸爸对孩子拍拍腿说“宝贝，坐上来”也是如此。

(18)“上来吧！大家都坐上来！”米科尔卡高声叫嚷。(CCL)

(19) 来吧，坐上来，我带您兜一圈。(CCL)

“坐进来”和“坐上来”这两个例子看似简单，对外国学生来说却是理解的难点。这两例虽然动作顺序不一致，但都是语用因素驱动的结果，因为发话者的表意核心是请听话人“坐”，“坐”是希望接受者接收的核心信息，所以“坐”成为焦点，放在前面。因而，在对外汉语教学过程中，除了语音、语义、语法是教学的重点外，语用的因素也应该引起足够的重视。

二 “动词＋复合趋向动词”和物体宾语的组配

“动词＋复合趋向动词”和物体宾语组配时，一般有四种位置。

A 动词＋复合趋向动词＋物体宾语，如“拿上来一封信”。

B 动词＋物体宾语＋复合趋向动词，如“拿一封信上来”。

C 动词＋$趋_1$＋物体宾语＋趋2，如“拿上一封信来”。

D 介词“把”＋物体宾语＋动词＋复合趋向动词，如“把（这封）信拿上来”。

对这一现象，大多数对外汉语教材[①]如此说明：当复合趋向补语后接物体宾语时，前三种句式是可以互换的。现在的大多数教材和语法参考书通常是从表义功能的角度而不是从如何运用的角度进行解说，即侧重揭示某种构式可以表达什么意义，而不大注意探讨在使用方面有什么规则或限制条件。

如果这一规则具有周遍性，那么外国学生按此类推就不会出错。那么任意动词、复合趋向动词、物体宾语是否都可以进入这三种格式？是否存在组配的空位？这三种格式是否存在差别，是否在具体的事件图景中有不能互换的情况？比如“拿钱出来”、“拿出钱来”、“拿出来钱”就是分别在不同的语用情景下使用的。本节就宾语位置的不同是否会造成结构语义语用的不同这一问题进行讨论。

1. 动词 + 上来/下来 + 物体宾语

在“动词 + 上来/下来”和物体宾语的组配中，可以将物体宾语分为两类，一类是受事宾语，宾语是动作所支配的对象，并在动作的驱动下发生了位移，见表 6 – 2。

表 6 – 2　动趋结构和受事宾语的组配

宾语	A	B	C	D
一本书	拿上/下来一本书	拿一本书上/下来	拿上/下一本书来	×
书	×	？拿书上/下来[②]	？拿上/下书来	把书拿上/下来

另一类是施事宾语，宾语是动作的发出者，见表 6 – 3。

表 6 – 3　动趋结构和施事宾语的组配

宾语	A	B	C	D
一只鸡	跳上/下来一只鸡	×	跳上/下一只鸡来	×
鸡	×	×	×	×
一位老人	走上/下来一位老人	×	走上/下一位老人来	×
老人	×	×	×	×

① 指《汉语初级教程》《标准汉语教程》《汉语教程》《实用现代汉语语法》《外国人实用汉语语法》等教材和参考书。

② 在特定语境下，“拿书上来”可以成立，比如使令句式。

从表 6－2 和表 6－3 可以看出：

（1）宾语是动作所支配的对象还是动作的发出者会直接影响到 ABCD 四种句式是否可以成立。上表中可以看出，如果宾语是动作的发出者，则 D 类出现形式上的空位，即不能用“把”字句，“＊把这只鸡跳上来”是不合语法的。

（2）宾语是有界还是无界也直接影响这四种句式的合语法度和可接受度。

无论是表 6－2 还是表 6－3，动词和复合趋向动词是不和无界宾语组配的，所以在组配形式上出现了空位。表 6－2 中 D 式可以用“把书拿下来”是受了介词“把”的影响。由于“把字句”表示对宾语的处置义，所以当宾语不是动作的对象而是动作的发出者时，就不能用介词“把”将宾语提前，因此在表 6－3 中 D 列出现了形式上的空位。

陆俭明和杨德峰指出，“动词＋复合趋向补语（本义）＋宾语”结构中宾语有很大的限制，一般为数量（名）结构。（陆俭明，2002：7；杨德峰，2004：24）

通过 Google 的搜索还发现，以上 ABCD 四种格式除了受到宾语类型的制约外，D 式（如“把这封信拿上来”）最为常用，其次是 A 式（如“拿上来一封信”），这也说明动词倾向和复合趋向动词作为一个整体来使用。

2. 动词＋起来＋物体宾语

此类中物体宾语也可分为两类，分别是施事宾语和受事宾语。如果后接施事宾语，则动词常由姿势动词充当，比如“站起来”、“坐起来”、“爬起来”、“跳起来”等。但如果要表示“站起来一个人”这样的事件图景，汉语倾向用施事主语而不是施事宾语，比如“一个人站起来”、“他爬起来”等。这一小类我们不列表讨论。

如果后接受事宾语，则动词常由“拿、捡、拎、捞、扛、抬、钓、搬”等手部动作的动词充当，其组配情况见表 6－4。

从表 6－4 发现，ABC 类结构并不可以任意互换。ABC 类结构是否可以成立既和宾语是否有界有关，也和动词的具体语义小类有关，各自适用于不同的事件图景。例如 B 列，可以说“我今天打算钓一条鱼起来”。这个句子很自然，但“？拿一个包起来”的可接受度就要低于前者。因为“钓鱼”的动作“钓”就是由下至上的动作，和“起来”组配，都表示空间域中纵轴方向的位移。但是“拿东西”的事件图景中，由下至上的位移并不是最常见的，所以“？拿一个包起来”的可接受度要低一些。

表 6－4　“动词＋起来”与物体宾语的组配

宾语	A	B	C	D
一个包	拿起来一个包	？拿一个包起来	拿起一个包来	×
包	×	？拿包起来	？拿起包来	把包拿起来
一条鱼	钓起来一条鱼	钓一条鱼起来	钓起一条鱼来	×
鱼	×	？钓鱼起来	？钓起鱼来①	把鱼钓起来

“钓一条鱼起来”的可接受度要高于“？拿一个包起来”还与事件场景有关。拿“钓鱼”来说，一般不是在只有一条鱼的水中钓鱼，而是在有多条鱼的水中钓鱼，能不能钓到鱼，能钓到什么样的鱼都具有不定性。所以“今天我非要钓一条鱼起来”这样的句子是可以成立的。而“拿包”一般的场景是只拿一个包或几个包，拿什么样的包以及能不能拿包都是一目了然的，并不具有不定性。

图 6－1 选自对外汉语教材中的一道看图说话题，留学生在学习完复合趋向补语之后，看到这幅画选用的是 A 类表达，即“拿起来一个包”。这个句子是完整的，不需要添加表示时体的结构助词。但是如果用 B 类，则要添加“了”才能完句，即“她拿了一个包起来”。

同理，“他拿出来一支笔”、“他拿了一支笔出来”都是可以成句的，而“拿一支笔出来”只能用于使令情态，而不能表达这一动作的完成。可以说，添加数量结构、添加完成体标记“了”都是为了让这一事件过程有一个界限，那么我们是否可以假设，趋向动词本身除了表示动作的趋向，还可以充当让动作事件有界的作用？如果趋向动词和动词分开了，如 C 类，那么趋向动词有界性的功能就会因距离性、分散性而有所减弱，就

① “钓起鱼来”中的“起来”并不属于空间域的语义，而是其投射义，表示“动作的变化”，和“吃起饭来”类似。在空间域中，如果要表示“钓了一条鲫鱼起来”这一事件图景，我们是不用“钓起鲫鱼来”这种表达的。

图 6－1 “拿起来一个包”

资料来源：杨寄洲主编《汉语教程・第二册・上》，北京语言大学出版社，2006，第 146 页。

必须添加其他有界的词语来帮助表达。

3. 动词＋出来/进来＋物体宾语

先来看受事宾语发生位移的情况，见表 6－5。

表 6－5 “动词＋出来”与受事宾语的组配

宾语	A	B	C	D
一本书	拿出来一本书	拿一本书出来	拿出一本书来	×
书	×	？拿书出来	？拿出书来	把书拿出来

再来看施事宾语发生位移的情况，见表 6－6。

表 6－6 “动词＋出来”与施事宾语的组配

宾语	A	B	C	D
一条蛇	钻出来一条蛇	×	钻出一条蛇来	×
蛇	×	？钻蛇出来	？钻出蛇来	×

我们发现，“动词＋出来/进来＋物体宾语”的组配情况和“动词＋上来/下来＋物体宾语”的组配情况一致，B 组和 C 组单说时可接受度不高，但可作小句成分用于连谓结构，例如“拿书出来晒太阳打灰尘”，“他走进教室，坐下后拿出书来读课文”等。

表6－5、表6－6中的语例说明，ABC三类结构并不可以任意互换。并且表6－5、表6－6中所列都是最单纯的语言形式，在日常语言使用中遇到的情况往往比表6－5、表6－6中的形式更为复杂。我们可以用添加“了”来进一步比较，如：

（20）他从书包里拿出来一本书。

“拿出来”后不添加“了”，句子照样成立，说明趋向动词“出来”作补语除了表示位移的方向这一语义功能外，还有“表达位移事件完成”这一语法功能。

在“拿出来”后添加“了”，句子也依旧成立，如：

（21）他从书包里拿出来了一本书。

用“了”，应该是加强事件行为的完结性，“了”是附着在“拿出来”这个整体结构之后的。为什么，请看下例：

（22）*他跑进屋去拿了出来一本书。

如果在动词“拿”后添加了结构助词“了”，句子反而不能成立。也就是说，这个句子中动词后要么只出现了“了”，要么只出现“出来”，“他跑进屋去拿了一本书”是合语法的。

再来看“了”放在宾语后的情况：

（23）?? 他从书包里拿出来一本书了。

这个句子有点奇怪，从语感上讲可接受度不高。

如果我们将动词和趋向动词分开，使两者之间有一定的距离，如：

（24）他跑进屋去拿了一本书出来。

这个时候，在动词后添加“了”句子又是成立的。但是“了”的语义所指与例（21）不同，这里的“了”只是表示“拿”这个动作的完结，而并不表示“拿出来”这一动作事件的完结。所以“出来”置于句末还是承担着“表达位移事件完结”这一语法功能。

4. 动词 + 过来/过去 + 物体宾语

先来看宾语是施事宾语的情况，见表 6 - 7。

表 6 - 7　“动词 + 过来/过去”与施事宾语的组配

	A	B	C	D
一辆车	开过去一辆车	×	？开过一辆车去	×
车	×	×*	×	×
一只蝴蝶	飞过来一只蝴蝶	×	？飞过一只蝴蝶来	×
蝴蝶	×	×	×	×

*表 6 - 7 讨论的这一场景，即“有一辆车开过去了”，虽然“把车开过去”“开车过去”都可以说，但并不能表示这一场景，因而列出空位。

从表 6 - 7 可以看出，“过来”和“过去”与施事宾语组配情况一致，都只有一种最优表达式。要描写“有一辆车从观察者的眼前开过去了”这一事件场景，只有一种表达是最合语法的，即 A 列的“开过去一辆车”。C 列的“开过一辆车去”的可接受度较低。同理，“飞过去一只蚊子”、“飞过来一只蝴蝶”、“游过去几个人”等都是最佳表达项。

受事宾语与施事宾语的情形一致，也是 A 列为最优表达形式，C 列的可接受度稍差，见表 6 - 8。

表 6 - 8　“动词 + 过来/过去”与受事宾语的组配

	A	B	C	D
一把椅子	搬过去/来一把椅子	？搬一把椅子过去/来	？搬过一把椅子去/来	×
椅　　子	×	×*	？搬过椅子去/来	×**

*“搬椅子过去”只能用于使令情态，并不能描述位移场景，因此列出空位。

**“把椅子搬过去”也只能用于使令情态，并不能描述位移场景，因此列出空位。

鉴于“上来/下来”、“出来/进来”、“过来/过去”复杂的组配情况，本节将它们分开讨论。动词、复合趋向动词在和宾语的组配中，宾语的语义类型、宾语是有界还是无界，动词的语义小类，复合趋向动词的语义语法功能等都直接影响着表达式能否成立。陆俭明还指出复合趋向动词中用的是“来”还是“去”也对表达式能否成立有制约作用（陆俭明，2002：11）。

因此，语言系统中并不存在两个或多个完全等值的语言形式，所谓的同义结构也只是真值条件相同。虽然ABC列都是对同一客观场景的反映和描写，但是由于描写的角度和侧重点不同，其语义内涵和语用功能并不完全相同，并不可以在任意条件下互换。构式语法等新的语法理论更是将每一种句式都看作语言中一种自主并自足的存在，而不承认语言结构式会在不发生语义变化的前提下形成变换关系（任鹰，2007：429）。

三　"动词+复合趋向动词"与地点宾语的组配

1. 地点宾语是否一定要置于"来/去"之前？地点宾语是不是组配中不可缺少的元素？

地点宾语的位置一直是教学的重点。在《汉语初级教程》《标准汉语教程》《汉语教程》《实用现代汉语语法》《外国人实用汉语语法》等教材中，对地点宾语的使用情况所作的说明基本一致，即如果宾语是表示处所的，必须要放在"来/去"之前。比如：

(25) 我看见他走进图书馆去了。
(26) 她们一起走出教室去了。
(27) 汽车开上山去了。

根据这一组配规则，留学生会造出这样的句子：

(28)? 他走出外面去（他走出去）
(29)? 走过虎泉站去（走到虎泉站去）
(30)? 飞过教室来（朝教室飞过来）
(31)? 坐起床来（从床上坐起来）
(32)? 走上楼梯去（走上楼去）

例（28）～（32）后边括号内是正确的表达。按照教材上的语法规则，这几例地点宾语的位置都置于"来/去"之前，趋向动词的选择没有问题，和动词的组配也没有问题，但语感证明这样的表达的可接受度很低。

导致在这个项目上出错的主要原因不在外国学生。在以往不少教材中，都没有具体地分析宾语的语义类型，而只是泛泛限定，宾语是表示处所的，就要放在“来/去”之前。这对于学生显然是一种误导。学生会根据这一语法规则进行类推，然而一类推就会出错。

通过以上例句，我们发现，“动词＋上/下＋地点宾语＋来/去”、“动词＋过＋地点宾语＋来/去”、“动词＋进/出＋地点宾语＋来/去”对宾语的语义类型的要求和限制是不一样的。

2. 分类分析

（1）当复合趋向动词为“过来/过去”时，“动词＋过＋地点宾语＋来/去”中的地点宾语只能是表示位移路径的宾语，不能是表示位移的起点或终点的地点宾语。例如：

（33）跳过河来

（34）火车开过桥去

“河”和“桥”只表示位移主体位移的路径。这类地点宾语具有［＋线性］的语义特征，而表示位移起点或终点的地点宾语只具有［＋点性］的语义特征。所以“＊飞过教室来”、“＊走过虎泉站去”都是不当的类推。

（2）当复合趋向动词为“上来”、“上去”时，地点宾语是现实世界中有一定高度的存在物，比如“岸”、“山”、“楼”等。当复合趋向动词为“下来”、“下去”时，地点宾语可以是有一定高度的存在物，也可以是具有“凹形”特征的存在物，例如：

（35）河水漫上岸来了

（36）一群孩子跑上山来

（37）一纵身跳上马去

（38）我的朋友拿着行李跳下楼来

（39）扑通一声跳下海去

其中，有的地点宾语是动作位移的终点，如“漫上岸”、“跳上马”，有的是动作位移的范围，比如“跑上山”、“跳下楼”，动作的主体、起点、路径、终点都在这个“整体”（如“山”、“楼”）内。也有的是动作位移的起点，如“跳下床来”、“跳下墙来”等。

（3）当复合趋向动词是“进来/进去”、“出去/出来”时，情况有点复杂，地点宾语的出现是否具有强制性是我们关注的焦点。先看一组句子。

A

（40）我看见她走进图书馆去了。

（41）她们一起走出教室去了。

试比较：

B

（42）我看见她走进了图书馆。/我看见她走进去了。

（43）她们一起走出了教室。/她们一起走出去了。

通过比较发现，我们的语感是倾向用B类。也就是说，在和“进来/去”、“出来/去”组配时，地点宾语的出现并不具有强制性。

前文提及“动词+简单趋向动词+地点宾语”的功能和“动词+复合趋向动词”的功能一致。所以A类句子有点奇怪，我们很少说“她们一起走出教室去了”，我们会说“她们一起走出去了”。我们较少说“跑出教室来”，我们会用“从教室里跑出来”。通过更多的语料分析，发现有时“出来、出去”中插入处所词反而显得别扭。

值得注意的是，有些例子中出现了“去”，但要区分这个“去”和“进去/出去”的“去”并不具有同一性。例如：

（44）我和麦克走进一个小饭馆去吃午饭。

此句中的“去”连接两个动作，表示两个动作相继发生，后面的动作是前面动作的“目的”。

第二节　投射域的组配

复合趋向动词作补语在投射域的语义情况非常复杂，这一直以来就是外国学生习得的重点和难点。比如“看起来”和“看上去”之间的异同，“胖起来”和“胖下去”是否能互换等，几乎每一个都可以专门来研究。

复合趋向补语的习得难点主要体现在以下几个方面：（1）复合趋向补语的投射义很抽象，对以汉语为母语的人来说使用起来没有问题，但解释起来非常难以准确地概括，对外国学生而言也非常难以解释，很难找到类推的周遍规则。（2）复合趋向补语的投射义很复杂，谓词与复合趋向动词组配时有语义互选性，相同的动词与不同的趋向动词组配会产生不同的投射义，比如“写下来”、“写出来”、“写上来”就表示不同的语义。不同的动词与相同的趋向动词组配在形式上和语义上都存在不对称的现象。（3）虽然在复合趋向补语中，“上”与“下”、“来”与“去”、“进”与“出”是极性语义关系，但组合后的复合趋向动词的投射义并不一定形成极性关系，这些不管是在对外汉语教学上还是在学习上都是重点和难点。刘月华指出，一个动词可以和哪个趋向补语的哪一个意义结合是固定的、有限制的，特别是结果意义，学习者几乎需要逐个地去记（刘月华，1995：12）。

一　十三个复合趋向动词作补语的投射义分析

复合趋向补语是对外汉语教学的难点，主要是因为复合趋向补语的语法意义具有复杂性。刘月华在《实用现代汉语语法》中把趋向补语的结果意义和状态意义称为趋向补语的引申用法（刘月华，2001：110）。结果意义表示动作有结果或达到了目的，例如“出来”的结果意义表示从无到有，如“我想出来办法了”。状态意义表示动作、状态在时间上的展开、延伸，例如“起来”的状态意义表示进入一个新的状态，如“他哭了起来”。这样的研究是本体研究的视角，在实际教学中会遇到一些挑战，下面将分别进行分析。

1. 谓词与“上来”的组配

虽然是投射域，“上来”的语义还是很单纯，表示一种由低到高的方向。但“上来”和不同的动词搭配，所形成的表达式会形成不同的语义。具体有以下几类。

（1）由空间域投射到等级域。“上来”表示人员、事物从较低部门（层）到较高部门（层）这样一种在社会等级中由低向高位移的方向。例如：

（1）他是从下面乡镇调上来的。

（2）这是从下面反映上来的意见。

与这一用法的“上来”相搭配的动词有“反映、提拔、推荐、呈、报、收、升、调”等。

（3）“时间到，请大家把试卷交上来。”老师说。

（4）学费已经收上来了。

“上来”还可以表示动作的结果是使事物由低水平到高水平，句中常有“了”。例如：

（5）经过一段时间的学习，小北的鉴赏能力也提高上来了。

（6）公司的业绩搞上来了，个人也会得到更好的发展。

（7）小雨通过课后的用功，学习进度终于跟上来了。

这一类动词与“上来”的组配较容易习得。因为从空间域的高低投射到社会层面的高低具有跨语言的普遍性。

（2）“动词 + 上来”表示成功地完成某一动作。《现代汉语八百词》（2003）指出动词限于“说、唱、学、答、背、回答、叫、念”等少数几个。例如：

（8）这个问题你不一定答得上来。

（9）这种话你叫得上来名字吗？

这一类动词可以和“上来”组配表示成功地完成某一活动，主要与动词的语义有关。“说得上来”、“答得上来”主要是针对某一问题而已，问题相对普通信息而言在难度上占据较高的位置。“学得上来”也是如此，也有由低至高的方向性。而“唱得上来”既可以指“唱得出来”也可以指“高音部分上得去”，固然也可以和“上来”组配。

留学生看到这一组词，会这样类推，即只要是言语类的动词都可以和“上来”组配，所以他们造出了“＊讲得上来”这一表达。同是言语类的动词，为何“讲”不能和“上来”组配而出现空位呢？因为“讲”其主要意义是传递新知识，这个动词的方向性是由高处向低处的，自然和“上来”的方向性矛盾，因而不能组配。

（3）“形容词＋上来”表示状态的发展，兼有范围扩大的意思。形容词仅限于“热、凉、黑”等少数几个。例如：

（10）天一点点黑上来了。

（11）天气热上来啦。

（12）昨天天气还行，今天就凉上来了。

既然是范围扩大，程度加深，在量上与“上来”的由低至高的方向性一致。

此外，《趋向补语通释》认为“上来”还有一个引申用法，是“表示接触、附着以至固定”（刘月华，1998：217）。这种用法常搭配的动词有“补、接、加”等个别动词。动词联系着两个方面，整体或主要物体和部分或次要物体，着眼点在整体。例如“名单上又补上来几个人”。

其实，关于复合趋向补语的语义小类的研究一直不乏深度和广度，但如果将语义小类划分得过细，在教学中是较难操作的。通过上文对“上来”投射义的梳理，我们可以在更抽象的一个层面上对其与不同动词、形容词组配后的语义小类进行概括，即“上来”表示动词由较低向较高层次位移的方向。由较低社会等级向较高社会等级的位移、由低水平向高水平的位移、由较低信息难度向较高信息难度的位移、由较低程度向较高程度的位移都可以概括为一个语义小类，即“上来”表示动词由较低向较高层次位移的方向。

2. 谓词与“下来”的组配

谓词和“下来”组配，“下来”表示由高至低的位移方向。

（1）“动词＋下来”由空间域投射到等级域，表示人员、事物随动作由较高部门（层）到较低部门（层）或使离开原来职务。刚好与“动词＋上来”相对。例如：

（1）他是上头派下来的。

（2）项目已经批下来了。

（3）“我们的新书什么时候才会发下来？”一个学生问。

（4）工作已经分配下来了，我们开始干吧。

（2）“动词＋下来”由空间域投射到状态域，表示“完成”义，可看成体标记。如“停下来、定下（来）、答应下来、决定下来、确定下来、承认下来、固定下来、接受下来、应承下来、背下来”等。这类动词是表示“确定”、“固定”义的动词。

（5）他说的你都记下来了吗？

（6）她生日那天的情景，你拍下来了吗？

（7）这个方案大家都讨论过了，已经定下来了。

（8）这个要求他已经答应下来了。

（9）算下来，还是买这套书划算。

很多研究都将“下来”的引申义划分出很多的小类。比如杉村博文（1983）认为“下来”还有一个引申义，表示“停止”，如：停下（来）、站下（来）、歇下（来）、停顿下来、停息下来、沉默下来。《现代汉语八百词》还指出了“下来”有“脱离”义，如“撕下来一张纸”、“摘下来几个苹果”。

但是这些引申义的不同是由动词承载的，而并非极性词承载的。比如“撕下来”、“摘下来”的“脱离”义是由动词承载的，“下来”所表示的只是“完成”义。比如“停下来”是由运动到静止状态，静止就是固定了，而运动时位置则是不固定的。例如：

（10）快把湿衣服脱下来。

（11）这张画是从墙上撕下来的。

但是为什么会选用“下来”这个极性词与动词组配而不是其他极性词，还有待进一步的研究。

（3）“动词＋下来”由空间域投射到时间域，表示“连续”义。例如：

（12）这几句话是一口气说下来的。

（13）有一次，八圈牌打下来，她把手袋里的钱掏干净，还欠一位首饰楼二掌柜的一百八十元大洋。

“下来”表示的是从过去某个时间点一直到现在。例如：

（14）虽然做这件事困难重重，但他们还是坚持下来了。

（15）这块玉佩是我们的祖先传下来的。

（16）十年拼搏下来，他终于还清了全部债务。

（4）形容词也可以和“下来”组配表示某种状态开始出现并继续发展，“下来”表示“变化义”。只有那些可以表示由强到弱的形容词才有这种用法，如“安静、慢、黑、冷、凉”等。例如：

（17）天渐渐黑了下来。（由亮到黑）

（18）声音慢慢低了下来。（由高到低）

（19）教室里终于安静下来了。（从吵闹到安静）

3. 谓词与“上去”的组配

（1）由空间域投射到等级域。“上去”表示人员、事物从较低等级到较高等级中由低向高位移的方向。这与“上来”在投射域的位移方向是一致的，其对立由“去”和“来”的对立体现，说明了说话者的视角不同。例如：

（1）我们的思想汇报都交上去了。

（2）我们的问题已经反映上去了。

（3）我希望公司的业绩能早日提高上去。

（4）人民的生活水平一定要搞上去。

（2）动词与“下来”组配由空间义投射到状态义，表示通过动作使物体的一部分或次要物体与整体或主要物体接触、附着以至固定。①

A. 与“连、粘”类动词组配，如“接、缝、贴、靠、移植”等。

（5）赶紧把断了的手指接上去。

（6）这贴纸的胶水已经干了，贴不上去。

B. 与“填充、覆盖”类动词组配，如“堵、填、蒙、盖、晾、套”等。

（7）用布把这个洞口堵上去，风吹进来好冷。

（8）宝宝睡觉不喜欢盖被子，盖上去就给掀开了。

C. 与“踏踩”类动词组配，如“踏、踩、走、摸”等。

（9）脚踩上去咯吱咯吱响。

（10）房间里铺了地毯，走上去一点声音也没有。

D. 搭配“写画”类动词，如“写、画、印、刻、绣”等。

（11）你把他的名字也写上去。

（12）车上的字是你刻上去的吗？

通过对上述四类不同的动词与“上去”的组配现象的分析发现，可以将此类中“上去”的语义概括为“接触/结合”义，指事物 A 与事物 B 的接触/结合。比如例（5）中的“接上去”是指断了的手指和手的结合，例（8）中的“盖上去”是指被子和身体的接触，例（10）中的“走上去”是鞋底和地毯的接触，例（12）中的“刻上去”是字和车身的接触。

① 参见刘月华《趋向补语通释》，1998：158。

如果是本体研究，应该将复合趋向动词的语义小类细化分解，但如果是应用研究，过细的分类既不利于教材中语言点的编排，也不利于教学和学习，面向对外汉语教学的语法研究要有概括性和抽象性的导向。

（3）投射域能和“上去”组配的动词限于感知类动词，如“看上去、听上去、闻上去、吃上去、摸上去、舔上去”等。张敏认为这一类结构不容易准确描述语义①。对外汉语教材上的解释为“常用口语词，表示通过观察，根据实际情况加以判断”。例如：

（13）秋冬季节的裙装看上去一定要有质感，摸上去要厚实温暖。

（14）凶手听上去似乎是东北口音。

（15）昨天在那里买回去生的小馄饨明显不新鲜，闻上去已经有股味道了。

（16）怎么做馒头才吃上去软软的？

（17）这个唇膏怎么舔上去是咸的？

从形式上看，这些表达式是动趋式短语，但从功能上看，已虚化为评注性准副词（张谊生，2006：14）。在“看上去”、“闻上去”、“摸上去”、“舔上去”中“上去”纵向方向义还可以感受到，但“听上去”、“吃上去”等“上去”的方向义已不能从形式上体现出来，而是和动词作为一个整体（短语词②）表示对事物的感知、对比。

4. 谓词与“下去”的组配

（1）由空间域投射到等级域。“下去”表示人员、事物从较高等级到较低等级中由高向低位移的方向。这与“下来”在投射域的位移方向是一致的，其对立由“去”和“来”的对立体现，说明了说话者的视角不同。例如：

（1）“这次考试成绩不大理想，待会儿课代表把试卷发下去。”

---

① 张敏在2007年复旦大学举办的语言学暑期班上提过这个观点。

② 这些构式属于哪一级语法单位，目前似乎没有形成共识，张谊生（2006）、王凤兰（2005）视之为短语词。

老师说。

（2）今天必须把这件事情传达下去。

（3）一时也不便把这个当作硬任务压下去。

（4）国美，可别被1号店比下去了。

（2）“动词 + 下去”由空间域投射到状态域，表示“完成”义，可看成体标记。

“下去”可以和“脱离”类动词（如“揭、摘、撕、跺”）组配，表示分离这一动作的完成。例如：

（5）啥时把过年贴的窗花摘下去？

（6）面膜为什么揭下去就得洗掉？

（7）终于把车上一汽大众的商标撕下去了。

（8）你们离开那家或是那城的时候，就把脚上的尘土剁下去。

也可和“裁减”类动词（如“减、裁、剪”等）组配，表达动作的完成。

（9）怎样锻炼才能把肚子减下去？

（10）事业单位定岗定编是不是就要把临时工裁下去？

（11）所有的卡片都被剪下去一个角。

和“去除”义的动词（如“抹、删、擦、磨、刷、洗、打、比”等）组配，“下去”也是表示动作的完成。但“下去”表示方向的语义仍有残留，否则就可以和“了”互换了，“下去”正在语法化的路上，和动词的语义配合或说是融合，或说是互相吸引。“下去”的语义体现为，其一，以前的量较多，或是主观认为较多；其二，表示量减少的方向，或是主观希望量减少。例如：

（12）宝宝头上的湿疹用了好多东西都不见效，最后被我用香油抹下去了。

（13）怎样才能把玻璃上的手印擦下去？

（14）补牙补高了，医生磨下去一点，还是疼得要死。

（15）衣服上的油漆点怎么洗下去啊？

（3）“动词+下去”由空间域投射到状态域，和由量大转入量小的谓词组配，表示某种事物的变化趋向，表示“变化”义。

比如和“熄灭、平息、停、平、淡忘”等动词组配：

（16）火熄灭下去/风波平息下去

（17）掌声停下去/心里的气平下去/淡忘下去

人们习惯在心理上将一些抽象的词语形象化，比如“风波”、“掌声”、“气”等，这类事物从出现到淡化，再到消失在心理上是一个凸形形体逐渐下塌然后消失的过程，因而，此类中“下去”还是具有一定的方向性。

此外，还有表示声音由大转小的形容词，如“静、低、小”等，表示光线由强转弱的形容词，如“暗、黯、淡”等，表示状态或情绪由高昂转低沉的形容词，如“低沉、沉沦、平静”等，这些形容词和“下夫”组配，“下去”仍兼表示“变化义”和方向义。例如：

（18）直到老师连说了三遍“请安静！”教室里才渐渐安静下去。

（19）孩子哭累了，声音小了下去。

（20）天色渐渐暗下去了。

（21）我们已经一个月没见面了，感情会慢慢淡下去吗？

（22）今年的经济会不会一直低沉下去？

（23）怎样做才能让他不再沉沦下去？

（4）“动词+下去”表示“继续”义。例如：

（24）我还想在这儿学下去。

（25）让他说下去。

形容词也可以和“下去”组配，表示某种状态已经存在并将继续发展。此类中的形容词多用表示消极意义的。例如：

（26）他一天天地瘦下去。

（27）就这样松懈下去。

在汉语里，时间轴被认知成有方向的线条。此类中“下去”已不表示空间域的方向，而指向时间域中从现在到将来的时间流逝方向。

5. 动词与“进去”的组配

“进去”与感官类动词（如“听、看、念、读、说”等）组配，由空间域投射到容器域，表示知识、观点等抽象的物质名词能否进入心中或脑中，常用否定式。例如：

（1）我跟她解释了半天，她怎么也听不进去。

（2）这本书，我看了半天也没看进去。

（3）人要有自知之明，读不进去，就不要浪费钞票。

（4）孩子大一了，她说不想念书，念不进去。

（5）与困难群众说话，说不下去；与青年学生说话，说不进去；与老同志说话，给顶了回去。

在以上例子中，“进去”的位移终点大脑或心里被认知成一个封闭的容器，通过人的感官，如眼睛、耳朵、嘴巴等器官与外界交互作用、输送或接收信息。但有意思的是，与“进去”有极性关系的“进来”却没有相应的投射域的用法。

6. 动词与“出来”的组配

“出来”与动词组配，表示从无到有，由隐到显的位移方向。组配后的构式可以从空间域投射到关系域，表示领有关系的改变，“出来”表示由隐到显的方向。例如：

（1）人在哪儿？赶快交出来！

（2）没有几个人愿意心情舒畅地把权力和荣誉让出来。

（3）这间房要腾出来给小儿子作新房。

（4）空出来的时间刚好拿来寂寞。

（5）神州数码是从联想大家庭分出来的一支。

例（1）、（2）分别表示具体事物（“人”）和抽象事物（“权力和荣誉”）的领有关系由一方向另一方的转移。后三例表示从整体事物中（“房子”、“时间”、“联想大家庭”）切割出来一部分（“一间房”、“空出来的时间”、“神州数码”），“出来”表示由隐到显的改变方向。

“出来”还可以从空间域投射到成果类，组配的动词包括“制作类”动词（如“做、干、造、编、写、调”等），“生长类”动词［如“生、长、孳生、发展、发（芽）”等］，“查找类”动词（如“调查、找、搜、翻”等）、“思考类”动词（如“想、琢磨、理、研究、猜”等）、“惹引”类动词［如“引、惹、闯（祸）、闹（事）”等］、“显露”类动词（如“露、显露、显示、亮、摆、秀”等）和“言语”类动词（如“说、念、背、公布、登、笑、哼”等）。例如：

（6）这道凉菜是怎么做出来的？

（7）肉色，就是我们所谓皮肤的颜色，那这种颜色要怎么才能调出来呢？

（8）宝宝的第一颗牙长出来需要多长时间？

（9）用这个软件可以搜出来很多电影。

（10）收视率是怎么调查出来的？

（11）我想出来了一个好办法。

（12）这件事是你自己惹出来的，你自己收拾。

（13）这么闹有意思吗？能闹出来个结果吗？

（14）把党员身份亮出来，以便拉近与群众的距离。

（15）有什么才艺你尽管秀出来。

（16）有什么想法你就说出来。

（17）这首曲子才听了一遍我就跟着哼出来了。

以上与“出来”组配的动词，刘月华将之分成好几类，但这些类都可以高度概括为由隐到显（刘月华，1998：179－191）。包括在初级阶段最开始涉及的“动词＋出来”在投射义的用法也是如此。《初级汉语》教程（第二册下，第17课）中指出“出来”表示由不知道到知道、由不清楚到清楚、由无到有，如“听出来”、“看出来”、“喝出来”、“洗出来”

等。例如：

（18）你听出来他的声音了吗？

（19）谁想出来了这么个好办法？

（20）你喝出来这是什么年份的酒了吗？

（21）用手机拍的照片能洗出来吗？

此外，刘月华还指出“出来”可以和某些表示使人或事物获得某种新品质、新性质的动作行为动词组配，如“教出来学生”，意思是使学生获得知识、品德，“衣服洗出来了”，意思是“衣服获得干净的性质”等（刘月华，1998：193）。其实这类中“出来”的语义仍可以概括为由隐到显，“教出来学生”是指学生的某些优秀的能力和水平在老师的挖掘和引导下呈现出来，“衣服洗出来了”是衣服本身的干净的本质在洗涤的作用后呈现出来，因此通过对大量语料的分析，我们可以总结出“出来”在投射义的语义就是表示动作由隐到显的方向。

7. 动词与“出去”的组配

（1）“出去”与动词组配，从空间域投射到关系域，表示领有关系的改变，“出去”表示由隐到显的方向，常与之组配的动词有“发、交、放、借、租、花、押（钱）、让、嫁”等。例如：

（1）寄出去的邮件可以要求中途退回吗？

（2）怎样才能尽快把房子租出去？

（3）不知道假钱能不能花出去？

（4）她们把自己嫁出去的理由是那样简单。

虽然，“出来”也可以与动词组配表示领有关系的改变，但外国学生在这两组相应构式的习得中不会有阻碍，通过上例可以看出，此类中能与“出去”组配的动词在位移方向上与“出去”表示由里向外的位移方式是一致的，其对立仅在于“来”和“去”的对立上。

（2）“出去”与动词组配，从空间域投射到信息域，“出去”表示信息类事物由内向外扩散的方向，也是由隐到显的过程。与之组配的动词有

“说、嚷、走漏、泄露、捅、公布、发布、张扬”等。例如：

（5）说出去的话就像泼出去的水。

（6）这个消息是他们故意走漏出去的。

（7）怎样把骗子的 QQ 号公布出去？

8. 动词与“回来/回去”的组配

动词与“回来/回去”组配，从空间域投射到关系域，“回来/回去”表示关系位移的方向。常和“回来”组配的动词有“赎、讨、赚、买、借、换、娶、收、捞、补、退、顶、搞”等。例如：

（1）我只是想把属于我的讨回来，有什么错？

（2）他正发愁如何把漏掉的利润捞回来。

（3）在淘宝上退货后多久能收到退回来的钱？

常和“回去”组配的动词有“换、还（huán）、收、退、买、夺、顶”等。例如：

（4）我不想用 360 的浏览器了，我想换回去。

（5）这是属于他的东西，他迟早会夺回去的。

（6）你可别在咱们这些弟兄面前摆牛，你啥时摆牛，咱啥时给你顶回去。

（7）你把地址发给我，我给你退回去。

9. 动词与“过来”的组配

（1）动词与“过来”组配从空间域投射到状态域，表示从一个状态向另一个状态改变的过程及结果。一般是指从没有知觉到有知觉、从没有意识到有意识、从错误到正确、从模糊到清楚、从糟糕的状态到正常的状态等，是从消极的不乐观的状态向积极的乐观的状态的改变，这一方向性是不可逆的。能与之组配的动词包括以下几类。

①“度过”类的动词，如“活、熬、混、挨、闯、对付、坚持、磨、挺、挣扎、逃”等。例如：

（1）安娜前后被监禁过三次，都坚强地熬过来了。

（2）腿练肿了，手磨破皮了，硬是咬着牙坚持挺过来了。

（3）他算是闯过来了，第二次的婚姻十分美满。

②“觉醒”类动词。如“活、醒、苏醒、清醒、缓、恢复、回（神）、唤、救、抢救”等。

（4）等剧务大声叫他时才醒过来，稀里糊涂地拍完了戏。

（5）当我从痴呆中渐渐缓过来，我开始放声大哭。

（6）他自杀过，但没有死，被人救过来了。

③“醒悟”类动词，如“明白、悔悟、惊悟、醒悟、想、意识、反应”等。例如：

（7）我愣了一下，不过马上就明白过来了。

（8）女孩被这突如其来的变故吓傻了，半天都没反应过来。

④“改变”类动词，如“变、改变、改、改造、改正、换、矫正、纠正、扭、正”等。例如：

（9）这种做法是不足取的，应该坚决改变过来。

（10）把错了位的东西纠正过来，关系理顺了，大家才会有干劲，才谈得上加强管理。

（2）动词与“过来”组配，表示能不能完成，侧重表示是否具有完成一定数量的工作的能力、条件，常跟能力、时间、数量有关，一般与“得”“不”一起用。常搭配的动词有“照顾、忙、干、招呼、写、做”等。

（11）这么多事，你忙得过来吗？

（12）虽然活多，但人也多，干得过来。

（13）来了那么多客人，我都招呼不过来了。

10. 动词与“过去”的组配

“过去”与动词组配后在投射义的语义提炼难度非常高，这与“过来”的情况很不一致。

（1）动词与“过去”组配从空间域投射到状态域，也表示从一个状态向另一个状态的改变。能与之组配的动词包括以下几类。

①“忍受”类的动词，如“忍、熬、挨、挺”等。例如：

（1）再大的困难，只要咬咬牙，忍耐一下就挺过去了。

（2）那个冬天真是冷极了，我现在总算是挨过去了。

（3）多少苦日子都熬过去了，如今是咱们的天下，活都活不够啊。

②“对付”类动词，如“挡、对付、抵赖、躲、瞒、骗、搪塞、拖、混、忽略、闯”等。例如：

（4）每当这时，她会撒个小谎对付过去，妈妈总是信任他的。

（5）这个可恶的李保管分明是在报复，本来睁一眼闭一眼就瞒过去了，这家伙偏要揪住不放，结果毁了自己的大好前程。

（6）她竭力避开正面回答，企图混过去，没想到秦妈妈抓住不放，而且逼着她回答。

（7）他是有心忽略过去的。

（2）动词与“过去”组配从空间域投射到状态域，表示状态的改变，指事物逐渐向说话人远离。

①表示失去正常状态。多用于不好的意思，与“动词＋过来”相对。常用动词限于“晕、昏迷、死”等少数几个。如“昏过去、醉过去、晕过去”等。例如：

（8）顿时眼前一黑，我昏了过去。

（9）为什么我吃了辣的就像喝了酒一样醉过去？

如果将有意识的、正确的状态和无意识的、错误的状态分为两类，“过来”、“过去”还是有方向性的。

②“过去”与“流逝”义动词（如“溜、流逝、耽误、混”等）组

配，表示时间、光阴的流逝，一去不返，向说话者远离。例如：

（10）每天对于我都十分重要，我不会让它白白流逝过去。

（11）从公元一九一八到一九八六，将近一百年的时间已经在中国人的眼皮子底下溜过去了。

（12）"一年之计在于春，一日之计在于晨"，如果在这时耽误过去一分钟，那么会顶平常的一天甚至更多的时间。

（13）反正这点时间，坐着也坐过去了。

（14）听他唱一段两段，逗个趣，乐一乐，一天半天很容易就混过去了。

（15）你先别急，等我这一阵子忙过去，再来帮你。

以上例子中的动词，都不能和"过来"组配表示时间的流逝。

③与动作类动词（如"吵、打、看、数"等）组配，表示动作状态的完结。例如：

（16）风卷起一阵尘土旋转着刮过去。

（17）大娘用衣襟擦干眼泪，压抑不住的痛苦发泄过去了，她立刻又安静下来……

（3）动词与"过去"组配表示一种比较关系，表示"胜过、超过"。与之组配的词语是表示较量、比较意义的动词以及少数形容词（如"赛、赶、厉害、大"），例如：

（18）在路上被我们赶过去，在休息的地方又追上来。

（19）胳膊还拧得过大腿去？

（20）他再厉害，也厉害不过你姐姐去。

11. 动词与"起来"的组配

复合趋向动词"起来"的语义跨度特别大，《现代汉语八百词》和《趋向补语通释》分别罗列了"起来"的五个义项。从历时角度看，"起来"源自"起"，意思是身体起立或起床。这一原型语义通过隐喻、转喻等方式借助生活经验由空间域向其他域投射，产生了大量的语义变体。

（1）动词与“起来”组配从空间域投射到数量域，在隐喻机制的作用下表示不同强度或数量由小到大、由低到高的变化过程。例如：

（1）她说话文质彬彬的，突然要她把嗓门提起来，对她来说是一种考验。

（2）今年婚宴特别多，甲鱼的价格涨起来了。

在这一类中，形容词也可以与“起来”组配，表达强度、量级的增强。如：

（3）天气热起来了。

（4）大家都希望让网速快起来。

（2）动词与“起来”组配从空间域投射到状态域，表示由松散的不理想状态转换为紧张的理想状态。例如：

（5）如何让自己变得强硬起来，不那么软弱，不那么优柔寡断？

（6）马上就要高考了，可自己就是紧张不起来。

（7）把大家都发动起来，没有什么困难克服不了。

（8）这部影片说的是农民组织起来成立互助组发展生产、摆脱贫困的故事。

也可表示由散开的状态转化为聚拢的状态。例如：

（9）我们不能把自己的手脚捆起来。

（10）原来孩子的父亲发现他又偷家里的钱，就把他绑了起来。

（11）她躺在床上，把身子不由自主地蜷起来，盘缩得像只虾子。

（12）大片的湖滩被圈起来种庄稼。

（13）接待处请客剩下的烟、酒，他总是细心地收起来，下次接着用。

（3）动词与“起来”组配从空间域投射到时间域，也是很多学者所定义的“起始体”。由原来的静态向动态转换，这是“起始”语义发展的理据。例如：

（14）突然下起雨来了。

（15）听到这里，所有人都笑起来。

（16）好一阵，才有个大点的孩子哇哇哭起来，随后个个号啕大哭。

（17）不得了了，他们打起来了。

（4）动词与“起来”组配从空间域投射到评价域，在隐喻机制的作用下表示主体处于某种状态或条件下。

宋玉柱、房玉清指出“V起来”有表示“当……的时候”的用法，兼有假设意味，后边紧跟着谓语结构（宋玉柱，1980：26；房玉清，1992：24）。例如：

（18）当时不是有句名言么：知识分子好比臭豆腐干，闻起来臭，吃起来香。

（19）有的声音听起来非常悦耳，称为乐音；有的听起来非常刺耳，称为噪音。

（20）她笑起来的模样更可爱，清晰干净，仿佛落入凡间的精灵。

（21）这些话说起来很老套，但真正做起来却很难。

例（18）可以理解为“知识分子好比臭豆腐干，闻的时候是臭的，吃的时候是香的”。例（20）可以理解为，“当她笑的时候，模样更可爱”。其中“闻的时候”、“吃的时候”、“笑的时候”都是一种条件和前提，并不指主语一直呈现谓语所描述的状态。比如“她笑的时候很好看”并不等同于“她很好看”。因此，上述例子中的“V起来”是后边描述性谓语的条件，而这些谓语都是评价性的。

吕叔湘还指出，“起来”可用在有限的几个动词，如“说、看、听、算、想”后，加强估量、揣测的语气，在句首充当插说语（吕叔湘，2003：241）。例如：

（22）说起来，这实在是一个偶然的开始。

（23）看起来，这几个人是在交火中中弹身亡的。

（24）听起来，他的计划非常简单、明白而又巧妙。

（25）想起来，我们真是身在福中不知福啊。

吴为善根据“起来”所占据的句法位置将“V起来”分为三类，认为例（18）至例（21）的“V起来”（B式）占据谓语前位置，是谓语陈述的条件（吴为善，2012：6）。例（18）中的“臭”和“香”分别陈述“闻起来”和“吃起来”的感觉，并不直接陈述“臭豆腐”，“臭豆腐”是“臭”是“香”要看是在什么样的“V起来”的条件下。认为例（22）至例（25）的“V起来”（C式）占据主语前位置，已经虚化为话语标记，带有说话人很强烈的主观色彩。

吴文在前人研究的基础上从“V起来”的句法形式出发对“V起来”的语义小类进行了系统的分类和梳理，并分析了“V起来”构式的话语功能及其特征，从本体研究的角度来看极具研究价值，但这一研究结果不能直接运用到汉语教学中去，至少在教材里语法点的展示上要做些归纳性的处理。本书认为，吴文所分列的B式和C式在教材语法点的编写及教学的处理中可以合并为一个语义小类，即“V起来”表达一种评价或评论。

二　几组易混复合趋向补语的语义用法辨析

1.“下来”和“下去”的继续义辨析

汉语里，表示空间位移方向的“下来”和“下去”都可以用来表示时间概念里的“继续”义。比如：

（1）她不仅嘴上这么说，心里也确信自己是能够坚持下去的。多少年来不就是这样坚持下来的吗？

（2）我不清楚这对活下来的两个孩子意味着什么。

虽然都表示“继续”义，但“下来”表示从过去到现在，将来情况如何不是表述的重点。“下去”表示从过去到现在再到将来，并主观认为动作会持续到将来。

虽然两者都可以表示“继续”义，但动词与“下去”的组配要多于“下来”。这主要是与说话人的时间认知视角有关，一般而言，如果没有参照点，说话的时间就是现在时间，从“过去”到“现在”与“下来”的方向一致，它“朝着说话人说话的时间”移动，从“现在”到“将来”与“下去”的方向一致，它逐渐“偏离说话人的时间”。刘甜指出，“来/去”有两种认知模式，一种以人为认知基准，另一种以被想象成人的时间为认知基准（刘甜，2009：122）。立足于被想象成人的时间来感知，人与时间面向而立，以时间为基准，人朝时间移动，越来越靠近时间的是“来”，在“过去”的范畴内，当人走到和时间重合的时候，表示“现在”，当人走过时间，越来越远离时间的是“去”，在将来的范畴内。相比较而言，人们在日常生活中更关注将来的事情，故而动词与“下去”组配的频率较多。

2“下来”和“下去”的变化义辨析

“下来”和“下去”都可以表示“变化”义。比如：

（1）只要你坚持锻炼，你就能瘦下来。

（2）楼市真的冷下来了吗？

（3）再这样瘦下去可不行。

（4）气温还会这么低下去吗？

看到这些例句，外国学生就有了疑问，什么时候用“下来”，什么时候用“下去”，是不是两者可以互换？我们尝试将以上四例进行替换：

（1′）只要你坚持锻炼，你就能瘦下去。

（2′）？楼市真的冷下去了吗？

（3′）*再这样瘦下来可不行。

（4′）*气温还会这么低下来吗？

以上四例中，（3′）、（4′）汉语不说，（2′）的可接受度不高。这说明，虽都表“变化义”，但“下去”适用于这样一种情况，即已经存在某种状态，而且这一状态会继续向负的方向发生变化，而“下来”则不能，如例（3）、（4）。而且与“下去”组配的并不限于消极意义的形容词。如：

（5）再这样胖下去可不行。

（6）再这样瘦下去可不行。

（7）难道还要继续冷下去？

（8）有没有人和我一样，害怕地球一年年热下去？

“下来”的变化义常常表示从某种状态转化为与之相反的状态。能与“下来”组配的限于消极意义的形容词。例如：

（9）为什么业主代表的态度软下来了？

（10）等出了研究生楼，老辛方才察觉到天已经黑下来了。

（11）习惯了忙碌，忽然闲下来了，还真有点不习惯。

例（9）表示态度从“硬”到“软”的变化，例（10）表示天色由“亮”到“黑”的变化，例（11）表示生活状态由“忙”到“闲”的变化。上述分析说明，同表示变化，“起来”侧重强调变化开始的那一部分，而“下去”强调变化出现后持续的那一部分，各自凸显的焦点不同。

3. “下来”与“下去”的完成义辨析

从本章的分析可以看出，“下来”与“下去”都可以从空间域投射到状态域，表“完成”义，可看成体标记，那自然而然引出的问题是这两者是否可以互换？

刘月华专门讨论过这个问题，认为两者只是着眼点不同：“下去”着眼于整体或主要物体，“下来”着眼于部分或次要物体（刘月华，1998：233）。比如：

（1a）这面墙不宜挂东西，把画摘下去吧。

（1b）这幅画我很喜欢，摘下来送给我吧。

（2a）工厂把老张裁下去了。

（2b）老张叫工厂裁下来了。

刘月华还认为，分离之物如果是要保留的，宜用或必用“下来”，相反，如果是要遗弃的，就用“下去”（刘月华，1998：234），例如：

（3a）这种邮票作废了，揭下去吧。

（3b）这张邮票特别珍贵，你小心点儿揭下来，保存好。

其实以上几例中“下来”和“下去”的对立并不是着眼于整体和部分的对立，而是体现在“来”和“去”的对立，体现在说话者视角的不同上。如果用“下来”，靠近说话者，或者是指说话者期待被去掉之物和自己是一个整体或团体；如果用“下去”，是远离说话者，或者是指说话者期待被去掉之物远离自己，不要和自己是一个整体或团体。

如例（1a），说话者不希望墙上挂东西，所以希望“那幅画”远离自己，因此用“摘下去”，而（1b），说话者很喜欢那幅画，希望“那幅画”属于自己，和自己是一个整体，因而用“下来”。又如例（2a）中，说话人肯定没有被工厂裁走，他和老张不是一个整体，因而他选用“老张裁下去了”，例（2b）中，说话人要么也被工厂裁下来了，要么不和老张一个单位，可能是老张的亲人或朋友，这都算和老张属于一个整体，那么他选用“老张裁下来了”。例（3a）和例（3b）也是如此，体现了说话者的主观性。我们有个观点，在书中不止一次地提出，面向对外汉语教学的语法研究不同于本体研究，面向外国学生的汉语语法规则要相对抽象和概括，这样既便于教学也便于学习。因而，“下来”与“下去”的完成义的对立仅仅体现在“来”与“去”的对立上，体现在说话者的主观视角的不同上。

这一观点同样可以解释刘月华（1998）在后面提及的例子，刘文认为如果动词为“去除”义，去除之物脱离整体或主要物体后随即消失的，就只能用“下去”，例如：

（4）把黑板上的字擦下去。

*把黑板上的字擦下来。

(5) 把衣服上的灰尘弹下去。

*把衣服上的灰尘弹下来。

(6) 这些年，他的棱角已经磨下去了。

*这些年，他的棱角已经磨下来了。

以上三组例子中，“黑板上的字”、“衣服上的灰尘”、“他的棱角”从常识上讲没有哪个说话人愿意和这些成为一个整体或团体的，自然而然不用“下来”而用“下去”。说到这里，有人或许会提出一个反例“把湿衣服脱下来”中为何用“下来”而不是用“下去”？按常识没人会愿意和湿衣服成为一个整体。但无论是自己说“我把湿衣服脱下来了”还是别人说“你把湿衣服脱下来”都体现了一种关心，脱下来的湿衣服要么是自己洗，要么是关心你的人洗，这自然也可以理解为一个整体。

4. “上来”和“下来”的变化义辨析

上文分析指出“下来”的变化义常常表示从某种状态转化为与之相反的状态。例如：

(1) 我毫无目的地沿着南京路由东往西走，不知不觉天黑下来了。

(2) 济南的天气就像热恋三年的恋人，突然冷下来了。

例（2）指天色由亮变黑，例（2）指气温由高变低。这两例中的形容词也可以和“上来”组配表示状态的变化，例如：

(3) 他们赶到了指定地点，看好哨位，搭好帐篷，已经黑上来了。（王愿坚《草》）

(4) 这天气说冷就冷上来了。

看到这些例子，外国学生常常不得其解，“形容词 + 上来”和“形容词 + 下来”是否表达相同的内容？虽然“上来”和“下来”都可以表示状态的变化，但它们变化的方向并不一致。“X + 上来”凸显的是 X 的程度逐渐加深，而“X + 下来”凸显的是由 Y 到 X 状态的变化。比如“冷上来”凸显“冷”的程度逐渐加深，而“冷下来”凸显天气由热到冷的变化。

由于“上来”和“下来”分别凸显事物变化的不同侧面，在有些情境中两者不可互换。例如：

（5）穆郎感觉揽住自己的手臂一僵，看看连誉，连誉的脸冷下来，停了停却对穆郎笑说：“今天天这么好，我带你去个地方。”

（6）让市长热线冷下来也罢。

以上两例换为“冷上来”皆不合适。

5.“过来”和“过去”的“通过”义辨析

“忍受”类动词（如“熬、挺、捱、闯”等）既可以与“过来”组配，也可以与“过去”组配，表示从一个状态向另一个状态改变的过程及结果。例如：

（1）安娜前后被监禁过三次，都坚强地熬过来了。

（2）多少苦日子都熬过去了，如今是咱们的天下，活都活不够啊。

（3）腿练肿了，手磨破皮了，硬是咬着牙坚持挺过来了。

（4）再大的困难，只要咬咬牙，忍耐一下就挺过去了。

（5）他算是闯过来了，第二次的婚姻十分美满。

（6）那个冬天真是冷极了，我现在总算是捱过去了。

《现代汉语八百词》中释义为“事情通过、动作完毕”。高顺全将之归纳为“通过阻碍，度过难关”（高顺全，2005：58）。从本体研究的角度看，这些分析都有一定的解释力，但在对外汉语教学中会遇到挑战，外国学生会认为此类“V过来”和“V过去”是可以任意互换的。周红、鲍莹玲发现在有些例子中，这两者不能互换使用，例如：

（7a）刚离婚时挺难受，可是哥哥挺过来了。

（7b）*刚离婚时挺难受，可是哥哥挺过去了。

（8a）每当关节犯疼时，他只能硬挺过去。

（8b）*每当关节犯疼时，他只能硬挺过来。

我们的语感与周文（周红、鲍莹玲，2012：74－81）不同，本文认为例（7b）和例（8b）不能说是不合乎语法，只能说是可接受度不如例（7a）和例（8a）。但不同人的不同语感也恰好说明此类“V 过来”和“V 过去”的使用条件并不完全等值。张幼冬指出此类“V 过来”和“V 过去”虽然结构相同，但“过来”的语义指向人，而“过去”的语义指向事件（张幼冬，2010：25）。如“他总算熬过来了”指描述主体“他”从糟糕的状态转化到了正常的状态，说话者的视角处于日常生活的常态，是正常状态，“他”向正常状态的回归与“来”（向说话者靠近）的位移方向一致。而在“艰难岁月总算熬过去了”中，“过去”的语义指向事件“艰难岁月”，这一事件逐渐向说话人远离，即生活的非常态逐渐远离，与“去”（远离说话者）的位移方向一致。

其实“敷衍”类动词（指“应付、对付、蒙混、躲、混”等）的情况与“忍受”类动词相似。“V 过来”语义指向主体，“V 过去”语义指向事件。例如：

（9a）每当这时，她会撒个小谎<u>对付过去</u>，妈妈总是信任他的。

（9b）他妻子在一个美国人家看一个两岁多的孩子。第一年总算<u>对付过来</u>了。

（10a）她竭力避开正面回答，企图<u>混过去</u>，没想到秦妈妈抓住不放，而且逼着她回答。

（10b）好在这个剧中他饰演国民党黄副官，只唱四句，别人一教，也就<u>混过来</u>了。

在例（9a）中，“过去”的语义指向“小谎”，指这一消极事件向说话人远离，而例（9b）中“过来”的语义指向人，指“他妻子”由不如意的状态向正常状态的转换。例（10a）中“过去”指她企图避开正面回答的含糊回答向说话人远离，而例（10b）中的“过来”指“他”饰演的这个角色通过了，由不如意的状态向如意的状态的转换。

当然，与“忍受”类动词和“敷衍”类动词组配时，“V 过来”和“V 过去”的使用频率并不是对称的，“V 过去”的使用频率要明显高于“V 过来”，有少数的“V 过去”没有相对应的“V 过来”。例如：

（11）他是有心忽略过去的。（＊忽略过来）

（12）这个可恶的李保管分明是在报复，本来睁一眼闭一眼就瞒过去了，这家伙偏要揪住不放，结果毁了自己的大好前程。（＊瞒过来）

以上两例都没有与之对应的“V过来”的表达形式。

当然，“V过来”和“V过去”中“过来”和“过去”除了语义指向的对立外，还体现在叙述时间的对立上，当叙述的事件处于已然时间，“V过来”和“V过去”都成立。例如：

（13）谢天谢地，她老人家总算熬过来了。

（14）谢天谢地，她老人家总算熬过去了。

（15）刚刚的五千米长跑，他终于挺过来了。

（16）刚刚的五千米长跑，他终于挺过去了。

当叙述的事件处于未然时间，只能用“过去”而不能用“过来”，如：

（17a）这种没有尊严的日子，让我和她一起熬过去！你们走吧！不要再来打扰我们了！

（17b）＊这种没有尊严的日子，让我和她一起熬过来！你们走吧！不要再来打扰我们了！

（18a）接下来的魔鬼训练周，该怎么熬过去啊！

（18b）＊接下来的魔鬼训练周，该怎么熬过来啊！

（19a）这件事，你得下定决心才能忍过去。

（19b）＊这件事，你得下定决心才能忍过来。

例（17a）是祈使句，属未然态，只能用“过去”。例（18a）中“接下来的魔鬼训练周”是指未来的时间，“熬”是一个尚未发生的动作行为，也只能用“过去”，而用“过来”则不成立。这与“来”、“去”的立足点有关。例（19a）有关联词“才”，叙述动作处于由未然到已然这个过程中，仍然选用“过去”。

6. “起来”、“下来”、“下去”与形容词的组配辨析

“形容词＋复合趋向补语”有“形容词＋下来”、“形容词＋起来”、“形容词＋下去”三种结构形式，它们都表示事物形状的量的变化过程或变化完成后的延续状态。例如：

（1）天渐渐地黑起来。

（2）天渐渐黑下来了。

（3）天慢慢地黑下去。

这对于外国学生来说无疑是学习的难点，如果在教学上展示的语言材料不够充分或者例句的选择不够合适，外国学生多数会有种错觉，认为所有的形容词都可以有这三种组配形式。其实，并非所有的形容词都可以和这三组复合趋向动词组配，有的只有其中两种甚至一种组配形式，形容词内部的成员与这三组复合趋向动词的组配能力并不是均衡的。比如，同是单音节形容词“红”，与上例中的“黑”都属于颜色范畴，其组配能力就存在差异。例如：

（4a）花儿红起来了。

（4b）＊花儿红下来了。

（4c）＊花儿红下去了。

从上例看出，都是描写自然界的景色变化，“红”只能和“起来”组配，不能和“下来”、“下去”组配。

性质形容词本质上表示事物的静态属性，但性质也可以有动态变化，性状的程度可以增减，性质形容词入句后如果要表示动态的变化，就必须借助时间标记来体现其动态性，手段之一是时态助词（“着、了、过”），手段之二便是借助复合趋向动词（“起来、下来、下去”）。形容词借助复合趋向动词可以实现动态义的表达，而性状的变化主要体现在量的增减上，比如天色的黯淡，从有点黑，到比较黑，到完全黑下来，这就是“黑”在量级上的逐渐增加。

刘月华将趋向补语的语义分为“趋向义”、“结果义”、“状态义”三

大类（刘月华，1998：207）。认为趋向补语和形容词组配时表示的是状态义，而状态义是比结果义更虚的意义，认为状态义表示“动作或状态在时间上的展开、延伸，与空间无关”。而齐沪扬指出，“每个趋向短语中的结果功能、状态功能与趋向功能有内在的联系”（齐沪扬，2000：189）。在隐喻的作用下，空间概念引申到性状域，性状的程度高低有了方向性，而趋向动词则用来指示变化的方向。既然是变化，就会涉及变化的起点和终点，当起点和终点的性状程度一致时，性状呈“持续”状态，这是形容词与“下去”组配时的一种情况，如“你不能这么一直颓废下去”中“颓废下去”就不涉及量的变化。而当终点的程度高于起点时，是增量，当终点的程度低于起点时，是减量，复合趋向动词指示变化的方向。

“起来”在量级变化上的特点是表示变化的开始，并且这种变化正在继续进行，还未进入另一种新状态。比如：

（5）他的病一天天好起来。

（6）她的肚子看着看着大起来。

形容词与“起来”组配表示变化的开始，只涉及起点，不涉及终点。例如：

（7）他的病一天天好起来，还会继续好下去。

“下去”不涉及量的变化，“好下去”表示这种恢复状态的继续。上例还可以加上“越来越”，表示程度的继续加深，如“他的病一天天好起来，会越来越好”。

形容词与“下来”组配也表示一种动态变化，但与“起来”不同，“起来”凸显变化的起点和前半部分，而“下来”凸显变化的后半部分甚至凸显终点，表示变化的完结。

（8）也不知怎的，自从听到运涛入狱的消息，不几天脸上就瘦下来，眼窝也塌下去。

（9）天色渐渐地黑暗下来，朦朦胧胧的有些辨色不清。

(10) 只要这个节目的片尾曲一响，她就会静下来全神贯注地从头看到尾。

例 (8) 中，“瘦”的状态是已经完成的部分，描写对象已经完成了从正常状态到“瘦”这一状态的变化过程。例 (9) 中，“天色”也完成了由白天的明亮状态向“黑暗”状态的转化，已经变得“朦朦胧胧”的了。虽然“下来”可以凸显变化的后半部分，但并不是所有的形容词都可以和“下来”组配。例如：

(11) *她一天天胖下来。

(12) *天色一点点亮下来。

(13) *他的话刚说完，会场就闹下来了。

“胖”、“亮”等积极形容词和“下来”组配受限，因为“下来”只能表示从量大到量小的变化，如由“胖”到“瘦”是从体重上的量大到量小，从“亮”到“暗”是从亮度上的量大到量小，从“闹”到“静”是从音量上的量大到量小。

而形容词与“下去”组配表示性状的程度随着时间的变化而持续加深，凸显的是变化的中间阶段。例如：

(14) 天一点一点地昏暗下去，然后又一点一点地明亮起来。

(15) 官员称，这只是一个中期报告，并不意味着今后五年中情况还会继续糟糕下去。

例 (14) 中，“昏暗”这一变化已经开始，随着时间的推移还将持续下去，例 (15) 中，“糟糕”这一状态已经存在，随着时间的推移而持续加深。因此，“下去”和形容词组配凸显变化的中间阶段，而非起始部分或终结部分。只要是可以持续变化的形容词都可以和“下去”组配，有些词义相对的形容词组都可以和“下去”组配。例如：

(16) 眼看着父母一天天瘦下去，他无法再忍心读书，他决定帮助父母挑起生活的担子。

（17）只要你们大伙儿没意见，只要我胖得不影响工作，那我继续、继续胖下去。

（18）只要外国占领军驻留在伊拉克一天，伊拉克的局势就将继续朝着冲突与暴力的方向发展，并一直紧张下去。

（19）按摩这个穴位能够帮助防止令人在意的双下巴继续松弛下去，让免疫力提高和促进消化代谢。

“瘦”和“胖”、“紧张”和“松弛”是语义相对的形容词，它们都可以分别和“下去”组配，只要这些形容词具有可以持续变化的语义特征就可以进入这一组配模式。有些研究发现“亮”这一形容词不能和“下去”组配，如“＊天色渐渐亮下去”。这是因为“亮”这一变化一旦出现在量上是不能持续加深的，只能表示从“暗”到“亮”这一变化完成后状态的持续。

7．“下来”与“起来”的完成义辨析

“存攒”类动词既可以和“起来”组配，又可以和“下来”组配，这一直是困扰学生的难点。例如：

（1a）这些年他省吃俭用，存下来几千块钱。

（1b）把这些钱存起来吧。

（2a）她只有一个愿望，把自己攒下来的零花钱都捐出去。

（2b）我不抽烟，也不大喝酒，又不去高消费，钱就攒起来了。

通过以上例子可以看出，在“存下来”、“攒下来”中“下来”是完成义，整个构式的意思是经过比较长时间的积累，逐渐形成了现在的数量和成果，强调达到目前的状态和结果所经历的过程是不容易的。例如：

（3）怎样才能存下来两万块钱？

（4）这都是我平时省吃俭用攒下来的。

而在“存起来”、“攒起来”中“起来”的语义是“收拢”、“聚集”义，是有目的有意识地积累到一定的量，重点在于强调“有意识地不动用”。

（5）一周停水两三次，空调水都要存起来备用。

（6）现在孩子养成了不乱花钱的好习惯，有钱就攒起来，到了一定数量就存银行。

“存下来”是强调结果来之不易，“存起来”是强调有目的地积累。此外，我们还可看出，虽然都是指“钱或物”的积累，“存攒”类动词与“下来”组配时“钱或物”是动作作用后的结果，如例（3）中“两万块钱”是“存”以后才能达到的结果。而“存攒”类动词与“起来”组配时“钱或物”在动作发生之前就已经存在，如（1b）中“这些钱”已经存在了。以上两组例子并不能随意互换。

8. “上去”与“起来”的感知评价义辨析

《现代汉语八百词》（2003：331－332）指出，“看起来”和“看上去”都是插入语，“看起来”表揣摩、估计，“看上去”是从外表估计、打量。[①] 例如：

（1）看起来这件事情还没了结。

（2）他看上去也不过十八九岁。

我们发现以上两例中“看起来”和“看上去”可以互换，互换后仍合乎语法。

《趋向补语通释》（刘月华，1998：233）指出“看上去”的意思是从外表、外形来观察，常用于描写人或物体，“看上去”后面接描写性词语或观察所得的印象。例如：

（3）看上去，他也就四十多岁。

（4）她生来苗条纤细，看上去弱不禁风。

“看起来”则是引进说话人的一种看法。例如：

（5）看起来，运涛和春兰挺好的。

---

① 《现代汉语八百词》，2003：331～332。

（6）看起来，你还是不甘寂寞呀！

例（3）、（4）中“看上去”可以换为“看起来”，例（5）中“看起来”可以换为“看上去”，而例（6）中“看起来”则不能换为“看上去”。这说明外国学生在学习“看起来”和“看上去”这两个语言构式时，通过查找权威的语法参考书并不能解决他们的困惑，他们需要了解：其一，“看起来”和“看上去”这两个构式是否为同义结构，如果不是，它们有何不同？其二，“看起来”和“看上去”什么时候可以互换？什么时候不能互换？各自的限制条件是什么？其三，这些不同是否可以通过形式上的不同去判断？其四，其他动词分别和“起来”和“上去”组配时是否呈现出相同的特点，是否有规律可循？其用法和使用限制是否可以根据“看起来”和“看上去”类推？

关于动趋式“动词＋起来/上去”的研究中，比较有代表性的当推张谊生的一篇论文。张文认为，“看起来”和“看上去”在功能上由动趋式短语虚化为评注性准副词，由表方向、时体逐步发展到表观感和感知、近似和比况、对比和逆转的表达功能（张谊生，2006：14）。这两者在搭配、表达、视角和虚化这四个方面存在差异。从搭配上看，与“起来”搭配的动词（主要是感官动词）要比“上去”丰富得多，“看上去”突出“看”的瞬间性和视觉性，“看起来”可以附在“P＋N”后面（“就我看起来”），而“看上去”基本上没有这样的用法。在表达上，“看起来”可以表示“起始态”而“看上去”则没有这种功能；“看上去”可以表示从下往上的空间方向，“看起来”则无此功能。在观察视角上，“看起来”可以从内部和外部观察，而“看上去”一般只能从外部观察；“看起来”可以向上或向下观察，观察的事物可以是具体事物也可以是抽象事理，而“看上去”一般不能向下观察，也很少观察抽象事理；“看起来”可以从当前关注目前的情况，也可以从当前回顾过去的发展；而“看上去”一般只能从当前观察目前的状况。在虚化程度上，“看起来”早已从具体的视觉感官虚化为抽象的思维感知，而“看上去”基本上只能表示视觉的印象，很少表示思维的认知；“看起来”的词汇化程度更高，已出现相应的缩略形式“看来”。

张文的研究从形式、语义、语法/语用的角度全方位系统地比较了“看起来”和“看上去”的异同，把动趋式语法化的研究又向前推进了一步，很多观点极具参考价值。不过，虽然这样的研究在本体研究领域极有意义，但如果要应用到对外汉语教学中，还并不十分具有可操作性。

概括地看，之所以“看起来”和“看上去”呈现不同的句法分布，主要是由这两者语法化程度的不同决定的。“看起来”的语法化程度更高，“看上去”的语法化程度较低。“看上去”仍然可以表示空间的方向意义，而“看起来”则无此功能。例如：

(7) 从下面看上去，太和殿的飞檐，就像是个钩子，连月亮都可以钩住。

(8) 结婚以前来这里游玩时，也曾上过地狱岩。登上去一看，也并不像从下面看上去那样危险。

以上两例“看上去”中的“上去”是指空间域的由较低到较高处的方向，这两例都不能换为“看起来”。

此外，当表示通过观察事物或事件的外部特征和表象而得出一个主观性的评价时，这两者可以互换。例如：

(9) 只是，看上去吴琼并不是那种轻浮浅薄的女孩，而是显得比较庄重。

(10) 旋涡星系侧面看上去很像一块饼，中间凸起，四周扁平。

(11) 练气功看上去简单，其实每个动作都有严格的要求。

以上三例中的“看上去”都可以换为“看起来”。以下三例中的“看起来”也可换为“看上去”，例如：

(12) 赵燕脸部略显红肿，左腮有一道清晰可见的青紫伤痕，看起来显得非常虚弱。

(13) 尽管黑匣子外表看起来破损不堪，但包含关键信息的部分保存完好。

(14) 这个问题看起来很简单，实际上它涉及哲学上个别和一般的关系问题。

例（9）和例（12）都是指观察者通过眼睛来观察被观察对象（人）的外部状态进而得出一个主观印象。例（10）和例（13）都是指观察者从事物的表面进行观察得出一个知觉评价。例（11）和例（14）都涉及表面现象与实际情况的对比，也是一个主观评价。因此，当表示通过观察事物或事件的外部特征和表象而得出一个主观性的评价时，“看起来”和“看上去”是可以互换的。

当观察主体得出的主观判断是建立在逻辑推理基础上而不仅仅依靠视觉时，只能用“看起来”，不能用“看上去”，因为“看起来”早已从具体的视觉感官虚化为抽象的思维感知（张谊生，2006：9），例如：

（15）他说：“这样的赔偿是对她家人所遭受痛苦的侮辱。军方看起来对生命的价值有一种特别的计算方式。”

（16）我的父亲是堂堂正正的旗兵，负着保卫皇城的重任，每月不过才领三两银子，里面还每每掺着两小块假的；为什么姑父，一位唱小生或老旦的，还可能是汉人，会立下那么大的军功，给我姑母留下几份儿钱粮呢？看起来呀，这必定在什么地方有些错误！[①]

（17）我问她毕业后有什么打算？是回国工作，还是想在美国呆一段？她说，如果回北京，她能干什么呢？……尽管她说还没有决定，看起来，肯定是暂时不会回国了。[②]

由于“看起来”的语法化程度更高，有时“看起来”中“看”的感官动作义已经虚化。例如：

（18）这话看起来没错，但实际上解决不了什么问题。[③]

此例中“看起来”不可以换成“看上去”，倒是可以换成“听上去”。

当然，“上去”和“起来”除了可以和“看”组配外，还可以和其

① 此例引自刘楚群，2009：69~73。

② 此例引自刘楚群，2009：69~73。

③ 此例引自张谊生，2006：5~15。

他感官动词组配，例如，“看上去/看起来”、“听上去/听起来”、“舔上去/舔起来”、“吃上去/吃起来”、“闻上去/闻起来”、“摸上去/摸起来”、“用上去/用起来”、“？说上去——说起来”、“？写上去——写起来”。[①]例如：

（19）我的嘴唇舔上去毛毛的，周围还有点痒。

（20）为什么牙齿有时候舔起来是光滑的，有时候很粗糙？

（21）这听上去是一个非常有趣和充满激情的计划。

（22）这个偷斧子的故事乍听起来似乎有点可笑，但在现实中这种先入为主的例子却并不鲜见。

（23）我做出来的土豆泥吃上去有些麻，是土豆的问题吗？

（24）牛肉怎么做吃起来比较嫩？

（25）这汤闻上去真香，我都等不及要尝尝了。

（26）什么香水让人闻起来有淡淡的花香？

（27）最妙的是，许多树枝的枝干上糊一包泥团，其中好像还掺杂了草，摸上去硬硬的。

（28）这些绳索摸起来十分柔滑，看起来十分纤细，事实上却非常强韧。

（29）哪个牌子的散粉用上去比较自然一点？

（30）苹果4和4s用起来区别大吗？

以上例子中，“V+上去”和“V+起来”都是可以互换的，都表示主体体验着根据不同的感官观察体验后得出的一种评价。其他的“V+起来”都没有“看起来”的语法程度高。

三 问卷调查及教学启示

由于复合趋向动词的引申义情况非常复杂，为了更深入地进行语义分析，我们特意设计了一些调查问卷，通过问卷的方式来了解外国学生对复合趋向动词的语义理解情况。

① 其中“说上去”和“写上去”在语言系统中存在，但这一形式并不表示评价义。

1. 问卷统计结果分析

本次测试调查的主要目的在于了解外国学生复合趋向补语引申意义的学习情况，以及可能出现的偏误类型。通过分析问卷统计结果，分析偏误产生的原因，以便更好地指导留学生关于复合趋向补语引申义的学习。

不同的复合趋向补语与前面动词的搭配会产生不同的引申意义，同一个复合趋向补语与不同的动词搭配也会产生不同的引申义，外国学生往往会在复合趋向补语搭配动词后产生的特定引申义上产生困惑，所以本问卷的第一部分考查复合趋向补语与前面动词的搭配。另外，一些容易混淆的复合趋向补语之间存在细微差别，外国学生也往往很难掌握，容易产生干扰，所以本问卷的第二部分考查外国学生在这方面产生的偏误类型。

问卷的第一部分有 17 道题，这 17 道题考查的复合趋向动词的语义内容列举如下：

出来："出来（识别）"（听出来）；"出来（由无到有）"（想出来）；"出来（使获得新品质）"（培养出来）

起来："起来（变化的开始）"（多起来）；"起来（评价）"（冷起来寒风刺骨）；"起来（记忆）"（想不起来）；"起来（集中）"（捆起来）

过来："过来（能力）"（照顾不过来）；"过来（恢复）"（醒过来）；"过来（状态的变化）"（翻译过来）

进去："进去（接受）"（听不进去）；"进去（凹陷）"（凹进去）

下去："下去（持续）"（胖下去）

下来："下来（留存）"（流传下来）；"下来（固定）"（记下来）

过去："过去（特殊用法）"（说不过去）

上来："上来（结果由下到上）"（选拔上来）；"上来（成功地完成）"（说不上来）

第 18 ~ 30 题为第二部分。主要考查容易混淆的复合趋向补语的引申用法，第 18、19 题考查"下来"与"出来"的细微差别，两者搭配的动词不完全相同。"剩、余、存"等只能与"下来"组合，"腾"只能与"出来"组合。第 20 题考查"形容词 + 下来"和"形容词 + 起来"，"下来”表示由动态转入静态，而“起来”通常表示由静态转为动态。第21题考查“下来”和“下去”（结果意义），“下来”的着眼点在部分或次要物体上，“下去”的着眼点在整体或主要物体上。第22题考查“下来”和“下去”（状态意义）。第23题考查“（想）起来”和“（想）出来”，“想起来”所涉及的是曾经知道的事，而“想出来”涉及的是不曾存在或不知道的东西。第24题考查“下来”和“下去”（表分离），如果动词为“去除”义的，去除之物脱离整体或主要物体后随即消失的，就只能用“下去”。第25、26题考查“下来”和“下去”，“下来”可与“停、站”等动词结合，“下去”不能。“堕落、沉沦”等一般与“下去”结合，不与“下来”结合。第27题考查“下来”和“下去”（状态义），“下来”表示过去的某个时间点一直到现在，而“下去”时间起点可以是现在，也可以是过去的某一时间，时间的终点在未来的某一个时间点。第28题考查“过来”和“过去”，“过来”只用于表示已进行的动作动词之后，“过去”既用于已进行的动作行为之后，也可以用于尚未进行的动作行为之后。第29题考查“出来”和“下来”，“出来”一般表示事先有意进行的动作，而“下来”表示部分从整体的分离。第30题考查“（看）起来”和“（看）出来”，“看起来”是指从表面观察到的现象或情况而就某一方面做出的评价、评估；而“看出来”则是让某事物从隐蔽转为显现。

本问卷共30道选择题，包括对8个复合趋向补语、25项引申用法的考查，因为这部分旨在从语义方面了解学习者对各引申意义的学习情况，所以考查时并没有包括带宾语的情况，题目设计的都是“动词/形容词+复合趋向补语引申意义”。一共收回有效问卷20份，统计结果见表6-9。

表6-9　“动词/形容词+复合趋向补语引申意义”正确率

题　号	考查内容		高　级	
			答对人数	正确率（%）*
1	出来（识别）	听出来	14	70
2	起来（开始）	多起来	19	95
3	起来（评价）	冷起来	14	70
4	出来（使获得新品质）	培养出来	10	50

续表

题　号	考查内容		高　级	
			答对人数	正确率（%）*
5	过来（能力）	照顾不过来	9	45
6	进去（接受）	听不进去	17	85
7	下去（持续）	胖下去	15	75
8	下来（留存）	流传下来	17	85
9	过来（恢复）	醒过来	15	75
10	下来（固定）	记下来	14	70
11	起来（回忆）	想不起来	18	90
12	进去（凹陷）	凹进去	9	45
13	上来（结果由下到上）	选拔上来	15	75
14	过来（状态的变化）	翻译过来	16	80
15	上来（完成）	说不上来	12	60
16	起来（集中）	捆起来	16	80
17	过去（特殊用法）	说不过去	15	75
18	下来（累积）	存下来	13	65
19	下来（变化）	缓和下来	2	10
20	下来（结果义）	摘下来	9	45
21	下来（状态义）	慢下来	14	70
22	出来（取出）	腾出来	10	50
23	出来（由无到有）	想出来	17	85
24	下去（脱离）	擦下去	12	60
25	下来（状态）	停下来	15	75
26	下去（状态）	沉沦下去	15	75
27	下去（持续）	坚持不下去	16	80
28	过去（度过）	闯过去	14	70
29	出来（取出）	留出来	9	45
30	起来（评价）	看起来	13	65

* 正确率 = 正确人数/总人数。

在问卷调查上我们让被试者写下自己的 HSK 水平，从结果中发现，HSK 水平越高的同学，学习复合趋向补语引申意义的正确率越高。另外，从统计结果可以看出，留学生对“起来（开始）”、“进去（接受）”、“下来（继续）”、“起来（记忆）”、“过来（状态的变化）”、“出来（由无到有）”、“下去（持续）等引申义掌握得较好，准确率在80%以上，尤其是“起来（开始）”、“起来（记忆）”，正确率达到90%以上。但是对“出来（使获得新品质）”、“过来（能力）”、“进去（凹陷））”、“下来（变化）”、“下来（结果义）”、“出来（取出）”等引申义掌握得不好，正确率在50%或50%以下，甚至“下来（变化）”（缓和下来）的正确率低至10%。

外国留学生对复合趋向补语引申用法的习得不太好，主要表现在搭配上，即学生不知道表示引申意义的复合趋向补语应该与哪些动词或形容词搭配，常常出现搭配不当的问题，比如“＊照顾不下来”、“＊培养下来”“＊凹出来”“＊摘出来”“＊腾下来”“＊说不过来”等等。有的是没有理解前面那个动词的意思，有的是理解了意思却不知道该选哪个趋向动词来搭配。

另外，对一些容易混淆的复合趋向补语的引申义掌握得不牢，例如第19题，“起来”和“下去”都可以表示状态的延续，但是学生没有明白两者的区别。“起来”的状态意义表示事物由静态转入动态，而“下来”是由动态转入静态，“缓和”是一个表消极意义的形容词，所以只能用“缓和下来”，而不能说“缓和起来”。

2. *教学启示*

（1）用趋向意义导入引申义的教学，由简单趋向补语过渡到复合趋向补语的学习。

学习是一个循序渐进的过程，而复合趋向补语的学习又是个极其复杂的环节，所以中间我们必然要经历一个过渡环节。结果意义是趋向意义的引申，所以我们可以从趋向义过渡到结果义。例如“下去”的结果意义表示物体的一部分或次要事物从整体或主体部分脱离。它的趋向意义是表示动作使人或物体由高处向低处移动，立足点在高处。其趋向意义中有两个信息点：一是由高处向低处，我们可以引申为由地位高的向地位低的，由整体向部分；二是背离立足点移动，移动的结果就是脱离。所以，从趋向意义引申，对结果意义的理解是有一定帮助的。

从简单趋向补语的学习过渡到复合趋向补语的学习，既能巩固前面所学内容又能得到升华。例如："过来"，"过"的结果意义表示"度过"，动词都表示度过或度过的方式。简单趋向补语"过"后的词语多表示艰难的时间或难关。"来"表示趋近立足点，"熬过来"、"挺过来"中"过来"的结果义就不难理解了。

（2）情境化教学。

复合趋向补语的引申义是比较复杂和抽象的，不像其趋向意义可以用感官去认识和理解，但也不是无迹可寻的。它与非位移动词的语义有关，也跟人类关于空间的隐喻和认知方式有关。引申义与趋向义是有一定联系的。所以设置一定的情境，让学习者在情境中学习和理解，是会起到一定的帮助作用的。

例如，在教"出来"（结果意义）的时候，可以设置一系列情境，举大量的例子，"这道题我终于做出来了"、"解决难题的办法，他想出来了"等，让学习者领会其"从无到有"的引申义。

（3）和前面的动词进行组块教学。

"组块"是1950年由美国心理学家米勒和塞尔弗里奇提出的，是指由若干较小单位（如字母）组合而成的意义较大的单位（如词）的信息加工单位，因此，组块又可称为意义单位。

组块理论是认知语言学的一个基本概念。每一种语言都有它的层级系统，比如汉语就有一套包含语音、词汇、语法、汉字的系统，学习者在学习的过程中也存在相应的系统，而其基本的单位便是一个个的组块，它是记忆、编码、思维等的基础。组块的大小不是固定的，而是随着学习者学习的深入不断变化的。组块性练习可以使留学生容易对学习的内容进行整体性的信息编码和存库，把学习的内容整体性地认知到一起，这样既便于理解语义，又能够快速地反应。一旦受到外部或内部信息的刺激，存储就会被激活、唤醒，然后快速地做出反应。

所以，还应该将趋向补语与动词搭配起来，让学生首先掌握那些最常用的形式，熟悉那些引申意义出现的语义环境和语用环境，在头脑里构建起相应的语言模式。我们可以在教材的练习中或课堂练习中安排一些组块性练习。

例如，在教表评价、估计、判断义的"起来"的时候，可以把

“看、吃、说、摸、听”等动词与“起来”作为一个整体来教，人是通过感官来感知、认识世界的。所以理解起来也不难，让其作为一个整体来理解，比较易于掌握，所以，大多数学习者在初级阶段就已经能够很好地掌握。

又如，在教“出来（识别）”时，除了解释其识别意义，还可以把“动词＋出来（识别义）”中的常用动词告诉学生，或者作为一个新词完整地教给学生，如“认出来”、“听出来”、“看出来”等，进而扩展成句子，使学生在句子语境的帮助下更牢固地掌握其引申意义。

（4）培养语感。

在学习第二语言的过程中，语感也是很重要的。对母语为汉语的我们来说，关于复合趋向补语的引申义，很多时候我们也是知其然而不知其所以然，靠的就是语感。另外，中高级阶段的学生已经具有了一定的汉语语感，因此这个阶段提高学生对复合趋向补语引申用法的理解能力和运用能力，也与学生语感的提高有关系。

所以，除了主干课、阅读课外，我们可以在一些泛读、选读内容或课堂教学补充材料中安排复合趋向补语引申意义的内容。通过泛读练习中对这一语法点的多次复现，就可以培养学习者对于复合趋向补语引申用法的语感。

（5）循序渐进，由易到难。

教学要循序渐进，尤其是语法教学，一个新的语法项目，刚开始学习时，学生会感到很陌生，掌握起来就有很大的难度，因此，分散难点应该是语法教学的一个原则。把一个语法项目的几种形式、几种规则都集中起来会互相干扰，增加偏误发生的概率。复合趋向补语都是由动词虚化而来的，对外汉语教学中必须考虑到动词虚化现象。因此在复合趋向补语的教学中，首先应该在学生掌握了这些词语的动词用法以后，进行空间位移趋向意义的教学，然后再进行引申用法意义的教学。

结果意义和状态意义都是以基本意义为基础，因此我们对复合趋向补语引申用法的教学，就应该重视学生对基本意义即趋向意义的掌握，在引出表引申意义的复合趋向补语这一新语法点时，可以先带着学生回忆相应的趋向意义，这样为学习新语法点创造了认知条件，使学生能够较快地进入接收状态。例如，“起”作为趋向动词，它表示的是由下而上的动作，强调的是起点，“起”的引申义大多与这一特点有关。它可以引申表示时间的开始，也可以表示结果，还可以表示主观的由下而上。

“起来”表示从低到高的位置移动，学生在初级阶段已学习了“站起来”、“跳起来”等，而“想起来”的“起来”并不表示由下而上的空间位移，原来认识一个人，后来把他忘了，也可以说把他放在了记忆的深处，后来想起来了，似乎是把他从记忆深处拿上来了，这是主观位移。由空间位移到主观位移，学生依靠联想等手段可以较容易地习得“起来”的这一引申用法。

（6）对比分析。

“比较”是一种有效的学习方式，这点许多善于学习的人都提到过。从问卷调查结果可以看出，趋向补语引申用法学生掌握得不好，主要是由于意义理解得不够准确。同一动词可与不同趋向动词搭配，意义上有细微区别。只有对相似表达进行比较、辨析才可能准确理解其意义。有些动词有多个义项，有的义项需要跟趋向动词，有的则不能跟趋向动词，但该词在形式上并无区别。学生往往不能区别不同的意义而作一律化的处理。

第三节　小结

复合趋向补语在空间域和投射域的组配语义情况比简单趋向补语更为复杂。肖奚强、周文华在分析数据后得出结论：外国学生在复合趋向补语上的偏误要多于简单趋向补语，而且这种偏误会随着年级的提高而不断增加（肖奚强，周文华，2009：81）。由于偏误的增多，外国学生会下意识地避免在表达时使用，从而不能完整地习得复合趋向补语组配的全貌。因而本章从外国学生遇到的难点入手，分空间域和投射域进行比较分析。

在空间域，本章主要研究了“动词＋复合趋向动词”分别与物体宾语和地点宾语的组配情况。

“动词＋复合趋向动词”与物体宾语组配时有四种形式，本章区分了这四种形式的异同，得出如下结论：（1）除“把”字句式外的其他三种句式并不能在任意条件下互换使用，这与大部分对外汉语教材上的说明不一致。(2) 不是所有的宾语都可以进入这四种形式，宾语是否有界、宾语是施事还是受事都会影响到这四种形式是否可以成立。(3) 虽然宾语可以出现在四种位置上，但语料的概率抽样显示动词倾向和趋向动词成为一个整体出现，比如“把这封信拿上来”结构最为常用，其次是“拿上来一封信”结构。(4) 宾语的类型、动词的语义小类、复合趋向动词的语义语法功能等都直接影响着表达式能否成立。(5) 复合趋向动词除了能指示位移的方向外，还兼任“表达位移事件完成”这一语法功能。比如“他拿起来一个包”。这一句子是完整的，而表达同样的位移事件“他拿一个包起来”并不完整，必须在动词后添加“了”。

当“动词 + 复合趋向动词”与地点宾语组配时，地点宾语的位置也是研究的重点。通过分析得出：(1) 地点宾语置于“来/去”之前并不具有强制性，每一组极性词在组配中有不一样的限制。(2) 当复合趋向动词为“过来/过去”时，地点宾语只能是表示位移路径的宾语，不能是表示位移的起点或终点的地点宾语。(3) 当复合趋向动词为“上来”、“上去”时，地点宾语可以具有［+凸形］特征，也可具有［-凸形］特征，指向位移的起点和终点。(4) 当复合趋向动词为“进来/去”、“出来/去”时，地点宾语的出现并不具有强制性。

对复合趋向动词在投射域的组配情况，本章只是做了简单的梳理，并选取外国学生出错频率相对较高的几组极性词来比较分析，得出如下结论：(1) 虽然都可表示“继续”义，“下来”凸显从过去到现在，“下去”凸显从现在到将来。(2) 虽然都可表示“变化”义，“下去”表示已经存在某种状态，而且这一状态会继续向负的方向发生变化，“下来”则表示由某种状态转化为与之相反的状态，“上来”则凸显程度逐渐加深的变化。(3) 虽然“上来”和“下来”都可以表示状态的变化，但它们变化的方向并不一致。“X + 上来”凸显的是 X 的程度逐渐加深，而“X + 下来”凸显的是由 Y 到 X 状态的变化。比如“冷上来”凸显“冷”的程度逐渐加深，而“冷下来”凸显天气由热到冷的变化。(4) 虽然表主观评价时，“看上去”和“看起来”可以互换，但因为两者语法化程度不同，“看起来”语法化程度更高，因而很多地方可以用“看起来”而不能用“看上去”。

第七章　结语

第一节　主要结论

本书将空间极性词分为方位义极性词、移动变化义极性词、方向义极性词三大块进行分章研究。每一章又分为空间义和投射义两大类研究。从外国学生学习汉语的难点和重点出发，对各类空间极性词的组配及空位情况做了大致的描述，对探究部分语言结构的周遍规则做了初步的尝试，得出如下结论。

（1）各组配单位的语义在动态组配中具有“互动性”和“可塑性”。

空间极性词的意义和功能在组配过程中是一个动态的构建与整合的过程，极性词能否与其他语言单位组配，组配中是否产生空位，受到极性词本身的语义、组配词语的语义、整个结构的结构义共同制约。

待组配的元素在组配前语义是固定的、多元的、可列入词典义项集合中的，组配后，各元素的语义因为组配中互相之间的语义制约关系，组配后句式的制约关系，语义可能会发生变化，语义所指也会单一化，有些不可以或者不需要列入词典义项集合中。这些组配元素既包括空间极性词，也包括与之组配的其他元素，还包括结构中一些相关元素。

比如“上山”的“山”在组配前代表一种有形并形态稳定的存在物，即自然界中“山”的实体形象，它包括山脚、山腰、山顶、山上的树、花、草等诸多要素。但组配后，“上山”中“山”的语义只能凸显为“山顶”或“山上较高处”，而不是“山脚”或“山的较低处”，这就是地点宾语“山”的语义在动态组配中的“可塑性”。

语言结构是一个有机的整体，整体与部分及部分与部分之间不仅存在着相互配合、相互制约的依存关系，而且存在着相互影响、相互调整的互动关系。认知语法和构式语法就认为，句式义不是其构成成分语义的简单相加，各成分语义是句式义得以形成的前提，同时，各成分在句式中所实现的语义又受到句式义的制约。

（2）组配中的空位可以是形式上的空位，也可以是语义上和语用上的空位。

空位研究不能只局限在语言形式上，语义和语用上的空位都可以纳入研究的视野。就方位义极性词而言，空位主要体现在形式上，即语言系统中没有这些语言形式的存在。比如有“外省”、无“＊内省”，有“前夫”、无“＊后夫”，有“排行榜上”、无“＊排行榜下”等。就移动变化义极性词和方向义极性词而言，空位是多样的。既出现了形式上的空位，如有“下雨”、无“＊上雨”，有“上图书馆”、无“＊下图书馆”，还出现了语义上的空位，比如动词“上”、“进”后接地点宾语只能凸显位移终点，而“下”、“出”后接地点宾语既可以凸显位移终点，也可以凸显位移起点。也出现了语用上的空位，比如“上班”可以和时间段也可以和时间点共现，但“下班”常和时间点共现。从给外国学生纠错的难易程度而言，形式上的类推错误较易纠错，而语义和语用上的类推错误则较难纠错。

（3）空间极性词在组配中产生的空位受到多种因素的制约。

本书以外国学生的过度类推现象作为切入点，利用对比的方法，分析了空位现象出现的原因，主要受以下几方面因素的制约。第一，表达层面是否需要会直接限制某一语言形式的出现；第二，各组配单位之间的语义相容性；第三，语义组配机制不一致，有的涉及词法层面，有的涉及句法层面；第四，有些表层结构一致的语言形式其实处于不同的发展阶段，有的已经词汇化，语义较虚，有的还停留在短语层面，语义较实，因而出现使用上的空位。当然，最上层的制约因素仍是语用因素。

（4）针对初级阶段的词汇语法教学，本书也提出了一些具体的结论和观点。第一，动词“上”、“进”后接地点宾语只能凸显位移终点，而“下”、“出”后接地点宾语既可以凸显位移终点，也可以凸显位移起点，这与“上”、“进”是第一性，“下”、“出”是第二性有关。第二，在“动词＋下/出＋地点宾语”结构中，地点宾语是指向位移的起点还是终点，外国学生在理解上没有障碍，因为受地点宾语语义的制约，“下/出”在结构中只表示单纯的位移方向。第三，在空间域中“动词＋简单趋向补语”后面必须出现宾语，如果没有宾语，简单趋向补语要换成复合趋向补语，否则不能成句。第四，“动词＋复合趋向动词”与物体宾语组配时存在四种格式的可能，但这四种格式并不能任意互换使用，宾语的类型、动词的语义小类、复合趋向动词的语义语法功能等都直接影响着表达式是否能够成立。第五，空间域中复合趋向动词和物体宾语组配时除了指示动作的位移方向外，还承担着“表达位移事件完结”这一语法功能。第六，当“动词＋复合趋向动词”与地点宾语组配时，地点宾语置于“来/去”之前并不具有强制性，每一组极性词在组配中有不一样的限制。当复合趋向动词为“过来/过去”时，地点宾语只能是表示位移路径的宾语，不能是表示位移的起点或终点的地点宾语。当复合趋向动词为“进来/去”、“出来/去”时，地点宾语的出现并不具有强制性。

（5）空间极性词的语义虽然十分复杂，但各义项之间并非毫无关联，所有的语义演变和发展都建立在空间域最原始的位移义项上。就作动词的“上/下”而言，纵轴上的位移，即由较低处向较高处位移和由较高处向较低处位移这一义项是其他义项衍生的基础，是原始义项。本书在探究空间极性词的具体语义情况时尽力厘清其他组配单位语义和句式语义的干扰，这也是本书的创新处之一。

第二节　进一步研究的空间

任何研究都无法穷尽所有的语言现象，虽然本书就空间极性词的组配及空位现象做了比较详尽的描述和分析，但仍有一些问题值得进一步思考。

（1）外国学生的过度类推受母语影响的程度有多大。

在引言部分，本书提到在汉语作为第二语言的学习过程中，外国学生主要是按已习得的不完全的目的语的语言规则类推。母语的干扰因素存在，但并不是造成过度类推的主要原因。

那么母语的语言规则和语言习惯会在多大程度上影响学习者的过度类推？不同语言背景的外国学生受影响的程度有多大区别，研究中这种区别是否可以忽略？母语语言规则对过度类推的影响在学习者的不同学习阶段有什么不同的表现？针对这些不同的表现，对外汉语教师如何在教学中进行有效的引导从而避免学习者的错误类推，这都是可以进一步仔细研究的方面。

（2）空间极性词的语义从空间域到投射域的发展路径和机制。

本书对空间极性词语义的研究主要是一种共时的呈现，没有从历时角度去分析。空间极性词从空间域到投射域的各个语义小类之间并非毫无关联，而是在各种机制的作用下形成了一个完整的、发展脉络清晰的语义地图的集合。

但是为什么空间极性词只发展出了这些语义，而没有发展出其他的语义，为什么“上”的语义比“下”的语义丰富？是受到了哪些因素的制约？随着语言的发展和变化，还将会衍生出哪些方面的语义？这一部分仍然留有很大的研究空间。

（3）空间极性词组配中的空位现象与其他极性词组配中的空位现象有何异同。

本书就空间极性词这一封闭小类的极性词组配情况做了专门研究。作为极性词中的一个小类，空间极性词和其他属性类极性词有共通之处，也有相异之处，其他类极性词有何特点？这些特点对组配中空位现象的形成有多大的影响？

以空间极性词为出发点，扩展到其他类的极性词中，对所有极性词的组配及空位现象做一个全面的梳理，无论是就汉语本体研究而言还是就对外汉语教学而言都是很有价值的研究工作。

第三节　本书的不足之处

由于能力和时间所限，本书作为一项初步性的研究，还存在一些不足之处。

（1）本书的研究侧重理论上的分析和探讨，多采用逻辑性和内省式的研究方法，虽积累了不少外国学生过度类推的语言资料，但通过搜集整理无法呈现和还原出外国学生过度类推心理机制的原貌。这一领域语料的搜集有待设计更多技巧性的问卷并进行大规模的调查统计来研究。

（2）本书经过分析得出的一些结论，还有待于接受实践的检验。本书找出了部分语言结构的周遍规则，外国学生按这一规则类推是否就不会再有过度类推现象的出现，这都有待于进一步的实证分析。

（3）本书对空间极性词空间域的语义分析详尽，而对投射域的语义分析相对单薄。其实投射域的语义发展脉络受到多种因素的制约，其情况更加复杂。比如“看起来”和“看上去”之间的异同，“胖起来”和“胖下去”是否能互换等，几乎每一个都可以专门来研究。限于篇幅，我们只做简单的梳理，希望以后能深入细致地做专题研究。

参考文献

白丽芳，2006，《“名词＋上/下”语义结构的对称与不对称性》，《语言教学与研究》第4期。

蔡永强，2010，《从方位词“上/下”看认知域刻划的三组构件》，《语言教学与研究》第2期。

陈保亚，2006，《论平行周遍原则与规则语素组的判定》，《中国语文》第2期。

陈满华，1995，《“机构名词＋里/上”结构刍议》，《汉语学习》第3期。

陈瑶，2003，《方位词研究五十年》，《深圳大学学报》（人文社会科学版）第2期。

程丽霞，2004，《语言接触、类推与形态化》，《外语与外语教学》第8期。

崔希亮，2001，《“在”与空间方位场景的句法表现与语义映像》，《中国语言学报》第10期。

崔永华，2005a，《对外汉语教学的教学研究》，外语教学与研究出版社。

崔永华，2005b，《二十年来对外汉语教学研究热点回顾》，《语言文字应用》第1期。

戴浩一著，黄河译，1998，《时间顺序和汉语的语序》，《国外语言学》第1期。

戴浩一著，叶蜚声译，1990，《以认知为基础的汉语功能语法刍议（上）》，《国外语言学》第4期。

戴浩一著，叶蜚声译，1991，《以认知为基础的汉语功能语法刍议（下）》，《国外语言学》第1期。

戴卫平，高艳红，2006，《垂直方位词“上/下”“UP/DOWN”隐喻研究》，载《中国英汉语比较研究会第七次全国学术研讨会论文集》。

戴耀晶，1998，《论词的反义关系》，《杭州大学学报》（哲学社会科学版）第2期。

董秀芳，2004，《汉语的词库与词法》，北京大学出版社。

段益民，2004，《句法规约与反义形容词》，华中师范大学出版社。

范干良，1989，《词族和词族中的空格及其作用》，《汉语学习》第2期。

房玉清，1992，《“起来”的分布和语义特征》，《世界汉语教学》第1期。

符准青，1985，《现代汉语词汇》，北京大学出版社。

高顺全，2005，《复合趋向补语引申用法的语义解释》，《汉语学习》第1期。

葛新，2004，《方位词“上”、“下”的意义及其演变》，硕士学位论文，上海师范大学。

缑瑞隆，2004，《方位词“上”“下”的语义认知基础与对外汉语教学》，《语言文字应用》第4期。

古川裕，2002，《〈起点〉指向和〈终点〉指向的不对称性及其认知解释》，《世界汉语教学》第3期。

国家对外汉语教学领导小组办公室汉语水平考试部，1996，《汉语水平等级标准与语法等级大纲》，高等教育出版社。

韩蓉，2004，《“下来”“下去”语法化过程考察》，硕士学位论文，北京语言大学。

胡建刚，2007，《表达空位与“忽悠”流行》，《语言文字应用》第2期。

胡裕树主编，1998，《现代汉语》，上海教育出版社。

华旭，1992，《反义词判定标准研究述评》，《山东师范大学学报》（哲学社会科学版）第1期。

黄国营，石毓智，1993，《汉语形容词的有标记和无标记现象》，《中国语文》第6期。

黄敏，2006，《仙桃方言中动词“上/下”带宾语的对称性情况考察》，硕士学位论文，华中师范大学。

黄玉花，2007，《韩国留学生汉语趋向补语习得特点及偏误分析》，《汉语学习》第4期。

江青松，2003，《论语言类推的实现》，《语文学刊》第3期。

金顺熙，2004，《上下义动词、名词的认知基础及其隐喻发展》，硕士学位论文，华东师范大学。

居红，1992，《汉语趋向动词及动趋短语的语义和语法特点》，《世界汉语教学》第4期。

蓝纯，1999，《从认知角度看汉语的空间隐喻》，《外语教学与研究》第4期。

蓝纯，2003，《从认知角度看汉语和英语的空间隐喻（英文本）》，外语教学与研究出版社。

李福印，2006，《语义学概论》，北京大学出版社。

李临定，1990，《现代汉语动词》，中国社会科学出版社。

李临定，1986，《现代汉语句型》，商务印书馆。

李平，2002，《语言习得的联结主义模式》，《当代语言学》第3期。

李向农，周国光，1992，《1～5岁儿童运用方位句及方位介词情况的调查分析》，《心理科学》第3期。

李玄玉，2003，《人体名词和“上”、“下”》，《新疆大学学报》（社会科学版）第2期。

李燕，2009，《现代汉语趋向补语结构的非范畴度及二语习得研究》，硕士学位论文，中央民族大学。

李宇明，1999，《词语模》，载邢福义主编《汉语语法特点面面观》，北京语言文化大学出版社。

连金发，2006，《“荔镜记”趋向式探索》，《语言暨语言学》第4期。

练雪瑞，2007，《现代汉语方位词的时间表达》，硕士学位论文，安徽师范大学。

廖秋忠，1989，《空间方位词和方位参考点》，《中国语文》第1期。

刘楚群，2009，《“看起来”与“看上去”、“看来”差异浅析——兼论趋向短语的语法化》，《江西师范大学学报》（哲学社会科学版）第4期。

刘国辉，2008a，《汉语空间方位词“上”的认知语义构式体系》，《四川外语学院学报》第2期。

刘国辉，2008b，《近三十年来反义词现象研究思考及非对称性反义词表征考察》，《外语研究》第3期。

刘俊莉，2006，《认知模式的差异对“上”“下”二词使用的影响》，《湖北社会科学》第1期。

刘俊莉，2005，《“上/下+馆子/厨房”差异辨析》，《江西师范大学学报》（哲学社会科学版）第6期。

刘宁生，1994，《汉语怎样表达物体的空间关系》，《中国语文》第2期。

刘甜，2009，《时间系统中“前后”和“来去”的认知隐喻分析》，《甘肃社会科学》第1期。

刘月华，1989，《汉语语法论集》，现代出版社。

刘月华，1998，《趋向补语通释》，北京语言文化大学出版社。

刘月华，2001，《实用现代汉语语法》，商务印书馆。

卢华岩，2001，《由“到”义动词“上/下”构成的动宾组合》，《语言教学与研究》第3期。

卢甲文，1981，《单音节反义词的分类及运用》，载北京大学中文系《语言学论丛》编委会主编《语言学论丛》第8辑，商务印书馆。

卢英顺，2006a，《“上去”句法、语义特点探析》，《安徽师范大学学报》（人文社会科学版）第4期。

卢英顺，2006b，《“下来”句法、语义特点探析》，《宁夏大学学报》（人文社会科学版）第5期。

卢英顺，2007，《“进”类趋向动词的句法、语义特点探析》，《语言教学与研究》第1期。

陆俭明，2002，《动词后趋向补语和宾语的位置问题》，《世界汉语教学》第1期。

陆俭明，郭锐，1998，《汉语语法研究所面临的挑战》，《世界汉语教学》第4期。

吕必松，1992，《对外汉语教学的理论研究问题刍议》，《语言文字应用》第1期。

吕春燕，2009，《中日移动动词的认知语义学对照研究》，硕士学位论文，广东外语外贸大学。

吕叔湘，1984，《汉语语法论文集（增订本）》，商务印书馆。

吕叔湘，1992，《理论研究和用法研究》，载中国语文杂志社编《语法研究和探索》第6辑，语文出版社。

吕叔湘，2003，《现代汉语八百词（增订本）》，商务印书馆。

罗立胜，张宵宵，王立军，2006，《试论“过度类推”观点与“过度类推”现象》，《外语教学》第2期。

马庆株，1997，《“V来/去”与现代汉语动词的主观范畴》，《语言研究》第2期。

马玉蕾，房红梅，2005，《类比和隐喻》，《外语学刊》第5期。

马喆，2009，《现代汉语方所范畴研究述略》，《汉语学习》第3期。

孟琮，1978，《北京地区语言学科规划座谈会简况》，《中国语文》第1期。

孟凯，2008，《成组属性词的对应性及其影响因素》，《中国语文》第1期。

孟凯，2009，《留学生反义属性词的类推及其成因》，《汉语学习》第1期。

倪建文，1999，《方位词“上、下”在使用中的对称性和非对称性》，《修辞学习》第5期。

聂春梅，2009，《现代汉语“上+N/NP”结构考察》，《吉首大学学报》（社会科学版）第5期。

牛彦敏，2002，《现代汉语“复合动趋式+宾语”的语序研究》，硕士学位论文，首都师范大学。

齐沪扬，1999，《表示静态位置的状态“在”字句》，《汉语学习》

第 2 期。

齐沪扬，2000，《现代汉语短语》，华东师范大学出版社。

齐沪杨，1998，《现代汉语空间问题研究》，学林出版社。

钱旭菁，1997，《日本留学生汉语趋向补语的习得顺序》，《世界汉语教学》第 1 期。

邱质朴，1980，《汉语和英语中表示趋向的动词短语比较》，《语言教学与研究》第 1 期。

任鹰，2007，《动词词义在结构中的游移与实现——兼议动宾结构的语义关系问题》，《中国语文》第 5 期。

任鹰，于康，2007，《从“V 上”和“V 下”的对立与非对立看语义扩展中的原型效应》，《汉语学习》第 4 期。

〔瑞〕费尔迪南·德·索绪尔，1980，《普通语言学教程》（高名凯译本），商务印书馆。

〔瑞士〕索绪尔著，高明凯译，1980，《普通语言学教程》，商务印书馆。

杉村博文，1983，《试论趋向补语“下”、“下来”、“下去”的引申用法》，《语言教学与研究》第 4 期。

杉村博文，1993，《试论趋向补语“下”“下来”“下去”的引申用法》，《语言教学与研究》第 4 期。

邵敬敏，2007a，《汉语语义语法论集》，上海教育出版社。

邵敬敏，2007b，《汉语语法的立体研究》，商务印书馆。

邵敬敏，罗晓英，2005，《语法本体研究与对外汉语语法教学》，《暨南大学华文学院学报》第 3 期。

邵敬敏，吴立红，2005，《论从意义到形式的语法研究新思路》，《南京师大学报》（社会科学版）第 1 期。

邵敬敏，赵春利，2006，《关于语义范畴的理论思考》，《世界汉语教学》第 1 期。

邵平和，2007，《山东单县话“上/下＋宾语”结构考察》，硕士学位论文，湖南师范大学。

申修瑛，2007，《现代汉语词语的搭配研究》，博士学位论文，复旦大学。

沈家煊，1999，《不对称和标记论》，江西教育出版社。

沈家煊，1999，《不对称和标记论》，江西教育出版社。

沈家煊，2000，《认知语法的概括性》，《外语教学与研究》第1期。

沈家煊，1995，《“有界”与“无界”》，《中国语文》第5期。

石安石，詹人凤，1983，《反义词聚的共性、类别及不均衡性》，载北京大学中文系《语言学论丛》编委会编《语言学论丛》第10辑，商务印书馆。

石毓智，1992a，《肯定和否定的对称与不对称》，台湾学生书局。

石毓智，1992b，《论现代汉语的“体”范畴》，《中国社会科学》第6期。

石毓智，2001，《肯定与否定的对称与不称》，北京语言文化大学出版社。

石毓智，2000，《语法的认知语义基础》，江西教育出版社。

束定芳，2000，《现代语义学》，上海外语教育出版社。

宋晖，2004，《单音节反义形容词不对称现象研究》，硕士学位论文，吉林大学。

宋玉柱，1980，《说“起来”及与之有关的一种句式》，《语言教学与研究》第1期。

苏新春，1992，《汉语词义学》，广东教育出版社。

孙长叙，1956，《汉语词汇》，吉林人民出版社。

孙德金，2009，《五十余年对外汉语教学研究纵览——〈对外汉语教学研究论著索引〉编后》，《语言教学与研究》第2期。

孙慧增，任宇红，2006，《类推在二语习得中实现的理据及其意义》，《沧州师范专科学校学报》第4期。

童盛强，2006，《也说方位词“上”的语义认知基础——兼与缑瑞隆先生商榷》，《语言文字应用》第1期。

童小娥，2009，《从事件的角度看补语“上来”和“下来”的对称与不对称》，《世界汉语教学》第4期。

王凤兰，2005，《“看起来”与“看上去”的多角度分析》，《广州华苑》第3期。

王建军，2001，《“上馆子”与“下馆子”》，《语文建设》第1期。

王立，2001，《汉语方位词身份的确认与N+L结构的收词策略》，《北京大学学报》（哲学社会科学版）第S1期。

王希杰，1989，《语言中的空符号》，《语文月刊》第2期。

王祥荣，2000，《儿童语言中的“上”、“下”类方位词》，《安徽师范大学学报》（人文社会科学版）第4期。

王玉鼎，2003，《论汉语词语的类推变化》，《西北大学学报》（哲学社会科学版）第1期。

文炼，1990，《语言单位的对立和不对称现象》，《语言教学与研究》第4期。

吴佳娣，2008，《现代汉语方所词的语义研究》，硕士学位论文，南京师范大学。

吴丽君等，2002，《日本学生汉语习得偏误研究》，中国社会科学出版社。

吴为善，2012，《“V起来”构式的多义性及其话语功能——兼论英语中动句的构式特征》，《汉语学习》第1期。

吴向眉，2007，《动词“上”、“下”的不对称性及其认知解释》，《中山大学学报论丛》第11期。

吴之翰，1965，《方位词使用情况的初步考察》，《中国语文》第3期。

伍铁平，1979，《模糊语言初探》，《外国语》第4期。

伍铁平，1980，《模糊语言再探》，《外国语》第2期。

萧佩宜，2009，《论汉语趋向动词“上”和“下”的语法化和语义不对称性》，《暨南大学华文学院学报（华文教学与研究）》第1期。

肖奚强，周文华，2009，《外国学生汉语趋向补语句习得研究》，《汉语学习》第1期。

谢文庆，1988，《现代汉语反义词的不均衡性》，《世界汉语教学》第3期。

谢文庆，1987，《现代汉语反义词的关系》，《语言教学与研究》第2期。

谢文庆，1985，《现代汉语反义词的特点》，《语言教学与研究》第2期。

谢信一，1997，《汉语中的时间和意象》，《国外语言学》第4期。

邢福义，李向农，储泽祥，2000，《时间方所》，载吕叔湘《语法研究入门》，商务印书馆。

许德楠，1982，《怎样处理若干形容词肯定式、否定式的不对称》，《辞书研究》第5期。

轩治峰，2009，《空间认知理论与“上”字的空间语义认知及英译》，《外国语文》第4期。

杨德峰，2003a，《英语母语学习者趋向补语的习得顺序——基于汉语中介语语料库的研究》，《世界汉语教学》第2期。

杨德峰，2003b，《朝鲜语母语学习者趋向补语习得情况分析》，《暨南大学华文学院学报》第4期。

杨德峰，1988，《趋向述补短语的自由和粘着问题》，《语文研究》第4期。

杨德峰，2009，《日语母语学习者趋向补语“上”、“下”引申义的习得情况分析——兼议趋向补语“上”“下”的引申义》，载蔡昌卓《多维视野下的对外汉语教学研究——第七届国际汉语教学学术研讨会论文集》，广西师范大学出版社。

杨德峰，2004，《日语母语学习者趋向补语习得情况分析——基于汉语中介语语料库的研究》，《暨南大学华文学院学报》第3期。

杨寄洲主编，1999，《对外汉语教学初级阶段教学大纲》，北京语言文化大学出版社。

杨寄洲主编，2006，《汉语教程（第二册上）》，北京语言大学出版社。

杨寄洲主编，2008，《汉语教程（第二册下）》，北京语言大学出版社。

杨寄洲主编，2008，《汉语教程（第三册上）》，北京语言大学出版社。

杨寄洲主编，2007，《汉语教程（第三册下）》，北京语言大学出版社。

杨云，2001，《方位词“上”和“下”的空间定位》，《云南师范大学学报》（哲学社会科学版）第2期。

杨子，王雪明，2009，《“上”、“下”动词性组合的不对称性解析——缘何不能说“下厕所”与“上馆子”》，《语言科学》第1期。

姚占龙，2006，《动后复合趋向动词的动性考察》，《上海师范大学学报》（哲学社会科学版）第4期。

〔英〕戴维·克里斯特尔，2000，《现代语言学词典》，沈家煊译，商务印书馆。

约翰·泰勒，2007，《应用认知语言学十讲》，外语教学与研究出版社。

张博，2007，《反义类比构词中的语义不对应及其成因》，《语言教学与研究》第1期。

张大红，2004，《方位词“上”“中”“下”的综合考察及认知解释》，硕士学位论文，华中师范大学。

张华，2002，《“上/下”动词性组合的认知考察》，《语言研究》第S1期。

张其昀，1995，《运动义动词“上”、“下”用法考辨》，《语言研究》第1期。

张庆云，张志毅，2003，《反义词大词典》，上海辞书出版社。

张仁俊，1985，《国外关于儿童获得空间词汇的研究》，《心理科学》第2期。

张薇，2004，《“上”“下”语义语用辨析》，《语文学刊》第3期。

张雪涛，1992，《“V_趋+N+了”句与“N+V_趋+了”句》，《北京大学学报》（哲学社会科学版）第6期。

张谊生，2006，《“看起来”与“看上去”——兼论动趋式短语词汇化的机制与动因》，《世界汉语教学》第3期。

张幼冬，2010，《趋向补语“过来”、“过去”引申义的语义分析》，《吉林师范大学学报》（人文社会科学版）第4期。

赵元任，1979a，《汉语口语语法》，商务印书馆。

赵元任，1979b，《中国话的文法》，商务印书馆。

郑文婧，2006，《反义词研究的新视角——〈反义词：一种基于语料库的研究视角〉述介》，《外语与外语教学》第5期。

郑远汉，1997，《论词内反义对立》，《中国语文》第5期。

中国社会科学院语言研究所词典编辑室，2005，《现代汉语词典（第5版）》，商务印书馆。

周红，鲍莹玲，2012，《复合趋向结构"V+过来/过去"的对称与不对称》，《语言教学与研究》第3期。

周韶华，1988，《中性词语义偏移的原因及其对语言结构的影响》，载中国语言杂志社编《语法研究和探索》第4辑，北京大学出版社。

周统权，2003，《"上"与"下"不对称的认知研究》，《语言科学》第1期。

周祖谟，1962，《汉语词汇讲话》，人民教育出版社。

朱德熙，2003，《现代汉语语法研究》，商务印书馆。

朱德熙，1982，《语法讲义》，商务印书馆。

朱巨器，2000，《中日趋向动词的比较研究》，《上海科技翻译》第3期。

邹韶华，2001，《语用频率效应研究》，商务印书馆。

Chomsky Noam. 1970. "Remarks on nominalization," in *Readings in English Transformational Grammar*, wrote by R. A. Jacobs and P. S. Rosenbaum, Waltham, Mass: Ginn and Co.

Cruse, D. Allan. 1986. *Lexical Semantics*. Cambridge: Cambridge University Press.

Crystal, David. 1985. *A Dictionary of Linguistics and Phonetics*. Oxford: Basil Blackwell Ltd.

Dirven, Rene and M. Verspoor. 1998. *Cognitive Exploration of Language and Linguistics*. Amsterdam & Philadelphia: John Benjamins.

Dulay H, Burt M, Krashen S. 1982. *Language Two*. Oxford: Oxford University Press.

F. R. Palmer. 1981. *Semantics*. Cambridge: Cambridge University Press.

George Lakoff and Mark Johnson. 1981. *Metaphors We Live by*. Chicago and

London: The University of Chicago Press.

George Lakoff, 2005, "Cognitive Linguistics: What It Means and Where It Is Going?"《外国语》第 2 期。

George Lakoff, 1988, "Cognitive Semantics." in *Meaning and Mental Representations*, edited by Eco, U. et al. Bloomington, IN: Indiana University Press.

George Lakoff. 1987. *Women, Fire, and Dangerous Things: What Categories Reveal About the Mind*. University of Chicago Press.

G. Leech, 1974. *Semantics*. London: Penguin. (2nd edition, entitled *Semantics: the Study of Meaning*.)

H. D. Brown. 2000. *Principles of Language Learning and Teaching*. Addison Wesley Longman, Inc.

Hopper, Paul J. and Elizabeth Closs Traugott. 2003. *Grammaticalization*. Cambridge: Cambridge University Press.

Hopper, Paul J. 1993. *Grammaticalization*. Cambridge: Cambridge University Press.

Hopper, Paul J. 1991. "On Some Principles of Grammaticalization," in *Approaches to Grammaticalization, Vol.* 1, edited by E. C. Traugott and B. Heine, Amsterdam: Benjamins.

John R. Taylor. 1995. *Linguistic Categorization: prototypes in linguistic theory*. Oxford University Press.

John R. Taylor, 蓝纯, 2001,《语言的范畴化：语言学理论中的类典型》, 外语教学与研究出版社。

Langacker Ronald. 1987. *Foundations of Cognitive Grammar, Vol.* 1: *Theoretical Prerequisites*. Stanford, Califonia: Stanford University Press.

Langacker Ronald, 2004,《认知语法基础（Ⅱ）描写应用》, 北京大学出版社。

Levinson, Stephen C. 2003. *Space in language and cognition*. Cambridge: Cambridge University Press.

Lyons, J. 1968. *Introduction to Theoretical Linguistics*. Cambridge: Cambridge

University Press.

Lyons, J. 1977. *Semantics*. Cambridge: Cambridge University Press.

Richards, J. 1971. "A Non - constrastive Approach to Error Analysis," *English Language Teaching*, 25.

Selinker. 1972. "Interlanguage." *International Review of Applied Linguistics*, 3.

Steven Jones. 2002. *Antonymy: A Corpus - based Perspective*. London & New York: Routledge.

Talmy, Leonard. 2000a. *Toward a Cognitive Semantics, Vol. 1: Concept Structuring Systems*. Cambridge: MIT Press.

Talmy, Leonard. 2000b. *Toward a Cognitive Semantics, Vol. 2: Typology and Process in Concept Structuring*. Cambridge: MIT Press.

Talmy, Leonard. 1983. "How Language Srtuctures Space," in *Spatial Orientation: Theory, Research, and Application*, edited by H. Pick and L. Acredolo. New York: Plenum Press.

Talmy, Leonard. 1985. "Lexicalization Patterns: Semantic Structure in Lexical Forms," in *Language Typology and Syntactic Description, Vol. 3: Grammatical Categories and Lexicon*, edited by Timothy Shopen. Cambridge: Cambridge University Press.

Talmy, L. 1978. "Figure and ground in complex sentences." in *Universals in Human Language*, Vol. 4, edited by Greenberg, J. H, Stanford: Stanford University.

Traugott, Elizabeth C. and Ekkehard. 1991. "The Semantics - pragmatics of Grammaticalization Revisited," in *Approaches to Grammaticalization, Vol. 1*, edited by E. C. Traugott and B. Heine, Amsterdam: Benjamins.

Traugott, Elizabeth Closs and Dasher, Richard B. 2001. *Regularity in Semantic Change*. Cambridge, UK: University Press.

附录：调查问卷

姓名________　　　　班级________　　　　国籍________

1. 她当然听______了，我的语气、神情，显然告诉她将有什么事情发生。

A. 出来　　B. 起来　　C. 上来　　D. 过来

2. 街上的人渐渐多______。

A. 回来　　B. 起来　　C. 下来　　D. 出来

3. 武汉的冬天不像南方那么暖和，冷______寒风刺骨。

A. 上来　　B. 下来　　C. 起来　　D. 过来

4. 良好的沟通能力和团队合作精神不是这样的学习能培养______的。

A. 出来　　B. 起来　　C. 回来　　D. 下来

5. 行李太多了，真的照顾不______啊。

A. 过来　　B. 起来　　C. 下来　　D. 上来

6. 小王这个人非常固执，谁的话他都听不______。

A. 回来　　B. 起来　　C. 出去　　D. 进去

7. 她要是这样胖______，生活自理都成问题。

A. 下来　　B. 下去　　C. 起来　　D. 上去

8. 《诗经》是中国流传______的第一部诗歌总集。

A. 过来　　B. 起来　　C. 下去　　D. 下来

9. 等他从梦中醒______的时候，人已经走光了。

A. 上来　　B. 起来　　C. 过来　　D. 出来

10. 李老师讲得太快，有些地方我没记______。

A. 进来　　B. 下来　　C. 上来　　D. 出来

11. 对不起，你叫什么？我想不______了。

A. 上来　　B. 下来　　C. 起来　　D. 过来

12. 他因为熬夜，两眼都凹______了。

A. 出去　　B. 出来　　C. 进去　　D. 进来

13. 国家体操队又从广东选拔______两名选手。

A. 下来　　B. 上去　　C. 上来　　D. 下去

14. 这部英文电影，我第一次看时，还没翻译______，昨天看的已翻成汉语了。

A. 过去　　B. 上去　　C. 上来　　D. 过来

15. 他到底好在哪里，我也说不______。

A. 上去　　B. 出去　　C. 过来　　D. 上来

16. 桌子上实在是太乱了，把这些杂志捆______吧。

A. 下去　　B. 上来　　C. 起来　　D. 出去

17. 工作这么忙，我再请假，实在说不______。

A. 出来　　B. 过去　　C. 过来　　D. 起来

18. 这些年他省吃俭用，存______两千块钱。

A. 起来　　B. 下来　　C. 出来　　D. 上来

19. 你能不能腾______一点时间陪陪女儿？

A. 下来　　B. 过去　　C. 进去　　D. 出来

20. 他说话的语气缓和______了。

A. 起来　　B. 上来　　C. 下来　　D. 下去

21. 把那幅画摘______给我看看，好吗？

A. 过来　　B. 下去　　C. 出来　　D. 下来

22. 他跑步的速度渐渐慢______了。

A. 上来　　B. 起来　　C. 下来　　D. 过去

23. 解决这个问题的好办法，她终于想______了。

A. 上来　　B. 出来　　C. 起来　　D. 下去

24. 你嘴边有脏东西，把它擦______吧。

A. 下来　　B. 上去　　C. 下去　　D. 过去

25. 出租汽车在学校门口停______了。

A. 下来　　B. 下去　　C. 过来　　D. 上来

26. 我不想看到他一天天沉沦______。

A. 起来　　B. 进去　　C. 下去　　D. 下来

27. 离培训结束还有二十天，不行了，我坚持不______。

A. 下来　　B. 过去　　C. 下去　　D. 过来

28. 眼下的这个难关还能闯______吗？

A. 过来　　B. 过去　　C. 下来　　D. 下去

29. 你应该把这块地留______，以后可以用来种蔬菜。

A. 下去　　B. 出来　　C. 下来　　D. 起来

30. 他看______不是一个好学生。

A. 上来　　B. 起来　　C. 过去　　D. 出来

后 记

本书是本人教育部课题（2009～2013年）的最终成果，也是本人博士阶段研究成果的深化。虽几经修改，但始终觉得有需要不断完善之处，书稿即将出版之时，心中更是多了几分忐忑和不安，不知本书能否向给予我指导和帮助的人一个完满的交代。

本书的完成首先要感谢我的博士生导师郭熙老师，我时常感慨自己是如此的幸运，能够考上暨南大学，能够有幸成为郭熙老师的学生。郭熙老师开阔的学术视野、启发式的教学方法、严谨的治学态度深深地影响着我。我一直认为，好的导师更注重开阔学生宏观的视野并着重培养学生分析解决问题的能力，在每一次与郭老师的讨论中，郭老师的指引和建议都让我获益颇多。他从来都是肯定和鼓励我，哪怕是跌跌撞撞也要让我学会如何独行。

在郭老师的影响下，我的研究方向渐渐变得明朗起来，那就是努力追求理论的应用价值。在为理论而理论和为应用而理论之间，我更偏向后者。自己多年工作在对外汉语教学的第一线，能有机会从外国学生的视角来感悟汉语、体验汉语，发现对外汉语教学迫切需要一套面向外国学生的汉语描写体系。这一体系来源于本体理论，但又不同于本体理论，因为它要解决在以汉语为母语的说话人眼里不是问题的问题却在外国学生眼里是难题的问题。最开始，拟以“汉语极性词的组配”为研究对象，随着资料的搜集和研读，将研究范围逐步缩小，由“汉语极性词”缩小到“单音极性词”，再缩小到“空间单音极性词”，以外国学生的过度类推为切入点，希望能从空间极性词和其他词语的组配中寻找到一些解决问题的方法。

感谢暨南大学邵敬敏教授、伍巍教授、彭小川教授的悉心教导。他们渊博的知识大大地拓展了我的学术视野，他们极富激情的授课也深深地感染着我，让我体味到学术的乐趣。邵敬敏、彭小川、杨海明等先生为我的博士论文的写作都提出了很多宝贵的意见和建议。此外，在本书写作过程中还有幸向陆俭明、周小兵等先生请教，受到很大启发。美国夏威夷大学东亚语言文化系的姚道中教授也一直非常关注本书的进展，在此致以最真诚的谢意。

与暨大同门、同学的交流和讨论也使我深深受益，他们是祝晓宏、王汉卫、王洁、刘慧、黄红娟、李立林、李洁麟、蔡丽、张青松、郑娟曼、刘杰……有他们的陪伴和帮助，我感到非常幸运，他们的研究视野也无疑给我打开了一个新的天地。特别是红娟和立林，在学习和生活上给予我非常多的帮助，事无巨细，从无疏漏，让我深感友情的可贵。

一边工作，一边著书的确非常辛苦，首先我要非常感谢海南大学国际文化交流学院的领导杨云生院长、李渝凤教授以及其他同事给予我巨大的支持和鼓励，我就是在海南大学工作期间拿到了这个教育部的课题！同时也要感谢华侨大学华文学院的领导胡培安院长和同事们，是他们的支持和鼓励才得以让我的课题顺利完成！

另外，我还要感谢我那群可爱的外国学生们，是他们一个又一个的问题帮我敲开了思绪，让我有了责任感和使命感，让我有了更坚定的研究方向。本书第六章中调查问卷的部分就是和印尼同学黄佳玲一起完成的。

最后，要把感谢留给我的父母和爱人。感谢我的父母教会我求实、创新、自主，教会我如何在困难面前不要放弃。感谢他们给我创造了良好的受教育的机会，让我能有幸在科研的道路上攀登、求索。感谢我的爱人，酸甜苦辣，一路与我相伴，永远用灿烂的笑脸，照亮我的生活，感谢他，与我一同成长，一同进步，一同迎接更加美好的明天。

难忘一切，一切难忘！

感恩一生，一生感恩！

刘 甜

2017 年 6 月于厦门滨水

图书在版编目（CIP）数据

汉语空间极性词组配研究 / 刘甜著. -- 北京：社会科学文献出版社，2017.11

（华侨大学哲学社会科学文库）

ISBN 978-7-5201-1572-8

Ⅰ.①汉… Ⅱ.①刘… Ⅲ.①汉语-反义词-对外汉语教学-教学研究 Ⅳ.①H136.2 ②H195.3

中国版本图书馆CIP数据核字（2017）第250284号

华侨大学哲学社会科学文库·文学系列

汉语空间极性词组配研究

著　　者 / 刘　甜

出 版 人 / 谢寿光

项目统筹 / 王　绯

责任编辑 / 黄金平

出　　版 / 社会科学文献出版社·社会政法分社（010）59367156

地址：北京市北三环中路甲29号院华龙大厦　邮编：100029

网址：www.ssap.com.cn

发　　行 / 市场营销中心（010）59367081　59367018

印　　装 / 北京季蜂印刷有限公司

规　　格 / 开　本：787mm×1092mm　1/16

印　张：13.5　字　数：215千字

版　　次 / 2017年11月第1版　2017年11月第1次印刷

书　　号 / ISBN 978-7-5201-1572-8

定　　价 / 58.00元